消費税大増税対応

不動産取引の消費税対策

税理士
山本 和義 〔編著〕

税理士
野又　崇
田中 正洋
上村 祐介
木田 高志
大久保 雅之 〔共著〕

清文社

はじめに

　歳入に占める消費税の割合は景気に左右されることが少なく、平成10年以降は10％前後で推移しています。平成26年4月には消費税の税率が引上げられることが予定されていることから、歳入に占める消費税の割合は、所得税を抜いて最も高くなり、安定財源としての役割が期待されています。そのため、消費税の益税解消のための税制の見直しなどを中心に、近年頻繁に改正が行われています。

　また、平成27年1月1日以後に開始した相続から、相続税の基礎控除の引下げなどによる相続税の増税が実施されます。資産家と呼ばれる人に共通している点は、「土地持ち資産家」で、相続税対策においては、土地の有効活用を図るために賃貸建物を建築する事例が多く見受けられます。

　そこで、本書において、近年の消費税の改正の概要と不動産取引に係る消費税対策について、個人事業者と法人に区分して実務に即した内容を中心にまとめてみました。実務書としては、読者にとって最も関心が高いと思われる賃貸建物建築に係る消費税の還付の仕組みとその留意点などについて、平成22年度改正及び平成23年度改正に対応した内容で解説をしています。

　巻末の資料として、消費税率等の引上げに係る経過措置の取扱いのＱ＆Ａ（出典：国税庁消費税室）のうち、不動産取引に係る部分を抜粋して掲載しています。また、会計検査院の決算報告（平成24年10月）から、「消費税の簡易課税制度について」も掲載しています。これは、益税解消の観点から、近い将来、簡易課税制度の「みなし仕入率」の水準の見直しが行われるものと予想されるからです。

　本書は、税理士法人ＦＰ総合研究所に在籍している実務家である税理士が分担して執筆したものです。そのため、解説の内容が不十分な点もあるかと思いますが、読者にとって少しでも不動産取引に係る消費税対策の参考になれば幸いです。

　なお、文中意見にわたる部分は私見ですので、念のため申し添えます。

平成25年7月

著者を代表して

税理士　山本　和義

目 次

第1章 消費税の概要
（山本　和義）

- **I** 消費税の創設後の主な改正の概要 ……………………………… 2
- **II** 消費税の概要 …………………………………………………… 4
- **III** 消費税のしくみと概要 ………………………………………… 5
- **IV** 消費税の課税対象 ……………………………………………… 6
- **V** 納税義務者 ……………………………………………………… 7
- **VI** 課税期間 ………………………………………………………… 11
  - コラム　個人が新規開業した場合と新たに設立された法人の最初の課税期間開始の日 ……………………………… 12
- **VII** 非課税となる取引 ……………………………………………… 13
  - コラム　非課税・免税・不課税 ……………………………… 14
- **VIII** 不動産賃貸業における課税・非課税 ………………………… 15
  - コラム　介護付有料老人ホームにおける住宅の貸付けの範囲 ……… 16

(1)

Ⅸ	税抜経理方式又は税込経理方式による経理処理 ……………… 17
Ⅹ	控除できなかった消費税額等（控除対象外消費税額等）の処理 …… 20
Ⅺ	納付税額と仕入控除税額の計算方法 ……………………………… 22
	コラム　免税事業者等から仕入れた場合の仕入税額の控除 ……………… 24
	コラム　建設仮勘定の仕入税額控除の時期 ……………………………… 25
Ⅻ	課税売上割合が著しく変動したときの調整 ……………………… 25
	コラム　消費税課税期間特例選択をした場合の第3年度の課税期間 ……… 27
ⅩⅢ	簡易課税制度 ……………………………………………………… 27
ⅩⅣ	申告と納税 ………………………………………………………… 30
	コラム　免税事業者又は簡易課税制度選択事業者における消費税等の還付… 32
ⅩⅤ	消費税の各種届出書と提出期限等 ……………………………… 33
	コラム　消費税の届出書の提出日 ………………………………………… 37
ⅩⅥ	記帳要件と証憑書の保存義務 …………………………………… 39
	コラム　消費税等と印紙税 ………………………………………………… 41
	コラム　修正申告書の提出又は更正処分を受けた場合 ………………… 41

第2章 近年における消費税の改正の概要

(大久保　雅之)

I 平成22年度税制改正 ··· 44
1 平成22年度税制改正の主な内容 ·· 44
2 税制改正の影響 ··· 45
3 適用期間の留意点 ··· 49

II 平成23年度税制改正 ·· 51
1 事業者免税点制度の見直し ·· 51
2 95％ルールの見直し ··· 55
3 仕入税額控除に関する明細書添付の義務付け ··························· 56

III 平成24年度税制改正（社会保障と税の一体改革） ················· 57
1 消費税率の8％・10％への引上げ ······································ 57
2 特定新規設立法人の事業者免税点制度の不適用制度 ····················· 60
3 任意の中間申告制度 ··· 61

第3章 不動産賃貸業を営むものに係る消費税

(田中正洋・木田高志)

I 個人事業者の場合 ·· 64
1 事業者の立場で行う取引が課税の対象となる ··························· 64
2 基準期間は、前々年をいう ·· 64
3 賃貸中の消費税対策 ··· 65

(3)

| | 4 | 不動産売却時の消費税対策 ································· | 68 |

Ⅱ	法人の場合 ··	75
	1	すべてが「事業として」行う取引になる ·····················	75
	2	基準期間は、前々事業年度をいう ······························	75
	3	賃貸中の消費税対策 ··	76
	4	不動産売却時の消費税対策 ···	78

Ⅲ	消費税の対策事例～ 課税売上高の分散・圧縮～ ···············	79
	1	事例1 ～資産売却時期による納税義務の有無～ ···············	80
	2	事例2 ～駐車場貸しから土地貸しへの変更による対策～ ·········	81
	3	事例3 ～契約書の見直しによる課税売上げの圧縮～ ············	82
	4	事例4 ～所得分散により簡易課税が適用できるようにする対策～ ······	82

Ⅳ	収受する金額の課税・非課税の判定 ·································	89
	1	不動産賃貸業における課税・非課税 ································	89
	2	集合住宅での収受形態ごとの課税・非課税 ······················	89
	3	建物賃貸借契約の違約金など ··	93
	4	建物と土地を一括譲渡した場合の建物代金 ······················	93
	5	不動産売買に伴う固定資産税等の精算金 ························	94

消費税の還付を受けるための具体策

(野又 嵩・上村祐介)

Ⅰ	消費税の納税義務の判定 ··	96
	1	概要 ··	96
	2	消費税の課税事業者になる方法 ····································	97

Ⅱ 賃貸建物建築に係る消費税の還付の仕組み ……………… 100

1 テナントビルの建築に係る消費税につき還付を受ける事業者の場合 …… 100
2 賃貸マンションの建築に係る消費税につき還付を受ける事業者の場合 …… 100
3 最近の裁決事例 …………………………………………………… 101

Ⅲ 消費税の還付額を高めるための工夫 ……………………… 103

1 課税期間を短縮する ……………………………………………… 103
2 非課税売上げの確定時期について注意する …………………… 104

Ⅳ 出口課税に対する対応 ……………………………………… 108

1 調整対象固定資産 ………………………………………………… 108
2 調整規定の例外 …………………………………………………… 110
3 特別ルールが適用されないケース ……………………………… 113

Ⅴ 消費税還付後の課税期間の処理について ………………… 114

Ⅵ 店舗用建物、倉庫・工場取得時の対策 …………………… 114

設例1 免税事業者である個人事業者が
課税事業者を選択して貸店舗を建築する場合 ……………… 115

設例2 資本金1,000万円以上で設立した法人が貸店舗を
建築する場合 ………………………………………………… 118

設例3 既存の地代収入（非課税売上げ）がある場合に、
課税事業者を選択して貸店舗を建築する場合 ……………… 120

設例4 既存の賃貸マンションの家賃収入（非課税売上げ）がある場合に、
基準期間に賃貸マンションを譲渡し、貸店舗を建築する場合 …… 123

Ⅶ マンション等の居住用建物取得時の対策 ………………… 126

設例5 簡易課税制度を選択している事業者が、
新たに賃貸マンションを建築する場合 ……………………… 126

設例6 基準期間に既存の賃貸マンションを譲渡し、
新たに賃貸マンションを建築する場合 ……………………… 130

(5)

| 設例7 | 新たに設立された法人（資本金1,000万円未満）の設立1期目が8か月である場合に、第2期において新たに賃貸マンションを建築する場合 …………………………………………… 132 |
| 設例8 | 課税事業者強制適用期間（2年）経過後、新たに賃貸マンションを建築する場合 ……………………… 134 |

【附録1】 会計検査院「決算検査報告」・消費税の簡易課税制度について……… 139
【附録2】 平成26年4月1日以後に行われる資産の譲渡等に適用される消費税率等に関する経過措置の取扱いQ＆A（抜粋）………………… 155

（注）本書の内容は、平成25年6月1日現在の法令等に基づいています。

第1章 消費税の概要

この章では、まず消費税の創設後の主な改正の概要と、現行消費税の仕組みなどを財務省や国税庁などの資料やホームページを引用して簡潔に解説します。

 消費税の創設後の主な改正の概要

消費税が創設された以後の改正の主な内容を列挙すると以下のとおりです。

【平成元年4月施行】

1.	税率は3％とする
2.	税額票の発行義務を課さず帳簿に基づき計算をし、非課税事業者から仕入れた場合でも、消費税が含まれているものとして前段階税額控除を認めることとする。
3.	非課税取引は土地等の譲渡及び貸付、郵便切手類等の譲渡関係、医療の給付等関係及び社会福祉事業等関係などに縮小する。
4.	免税事業者は基準期間（2年前）の課税売上高が3,000万円以下の事業者とする。
5.	課税事業者のうち、基準期間の課税売上高が5億円以下の事業者は簡易課税制度の選択ができる。この場合のみなし仕入れ率は80％（卸売業は90％）とされた。
6.	課税事業者のその課税期間の課税売上高が6,000万円未満である場合には、その課税期間の課税標準額に対する消費税額から限界控除税額に相当する金額を控除する制度を設ける。

【平成3年10月施行】

1.	非課税取引の拡大に伴い、住宅の貸付け（家賃）等については消費税法上非課税となった。
2.	簡易課税制度の適用を受けることができる基準期間の課税売上高が5億円から4億円に引下げられた。
3.	簡易課税を選択している事業者のみなし仕入率については、卸売業90％、小売業80％、製造業等70％、その他の事業60％の4区分に細分化された。
4.	限界控除の適用上限が6,000万円から5,000万円に引き下げられた。

【平成9年4月施行】

1.	消費税の税率は4％に引き上げる。併せて地方消費税を創設し、税率は消費税率の25％とする。
2.	限界控除税額制度を一定の経過措置を設けて廃止する。
3.	簡易課税制度を選択することができる基準期間の課税売上高を2億円以下に引下げる。
4.	簡易課税制度を選択している場合のみなし仕入れ率について第5種事業を創設し「不動産」、「運輸・通信業」及び「サービス業」については、そのみなし仕入率を「50％」とする。
5.	仕入税額控除の適用要件について、帳簿に記載し、かつ、請求書等の保存がある場合に限ることとした。
6.	資本金又は出資の金額が1,000万円以上の法人については、設立当初2事業年度（1年決算の場合）は消費税の納税義務を免除されない。

【平成16年4月施行】

1．平成16年4月1日以降開始課税期間から事業者免税点制度について、基準期間の課税売上高を3,000万円から1,000万円に引下げる。
2．平成16年4月1日以降開始課税期間から簡易課税制度の選択ができる基準期間の課税売上高を2億円から5,000万円に引下げる。
3．平成16年4月1日以降開始課税期間から消費税の課税期間特例について、3か月から1か月の選択も可能とする。
4．平成16年4月1日以後、消費税については消費者に対して商品やサービスを販売する課税事業者があらかじめ価格を表示する場合には、消費税額を含めた総額表示方式によらなければならない。

【平成22年度改正】

　　第2章のⅠ（44ページ）参照

【平成23年度改正】

　　第2章のⅡ（51ページ）参照

【社会保障・税一体改革における改正】

　　第2章のⅢ（57ページ）参照

【消費税の中小事業者に対する特例措置の推移】

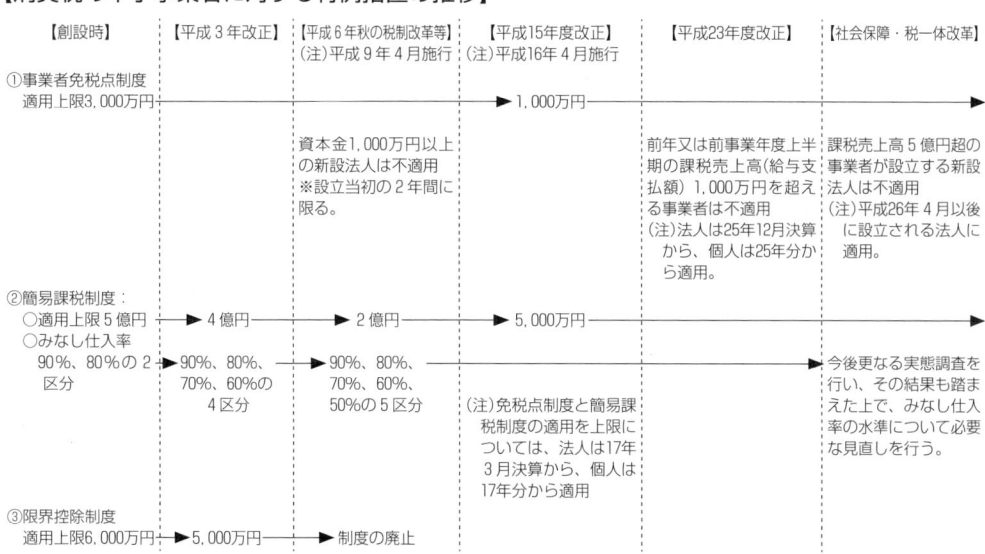

（出典：財務省ホームページ）

【消費税の申告・納付制度の改正の推移】

	【導入時】	【平成3年改正】 (注)平成9年4月施行	【平成6年秋の税制改革】	【平成15年改正】 (注)平成16年4月施行	【社会保障・税一体改革】 一段階目の引上げ (注)平成26年4月～	二段階目の引上げ (注)平成27年10月～	前課税期間の年税額
年12回 [確定申告1回 中間申告11回]				(6,000) 4,800万円超	(6,095.23) 4,800万円超	(6,153.84) 4,800万円超	4,800万円
年4回 [確定申告1回 中間申告3回]		500万円超	(500) 400万円超	(6,000) 4,800万円以下 400万円超 (500)	(6,095.23) 4,800万円以下 400万円超 (507.93)	(6,153.84) 4,800万円以下 400万円超 (512.82)	500万円 400万円
年2回 [確定申告1回 中間申告1回]	60万円超	500万円以下 60万円超	(500) 400万円以下 48万円超 (60)	(500) 400万円以下 48万円超 (60)	(507.93) 400万円以下 48万円超 (60.95)	(512.82) 400万円以下 48万円超 (61.53)	60万円 48万円
年1回 [確定申告1回]	60万円以下	60万円以下	(60) 48万円以下	(60) 48万円以下	(60.95) 48万円以下	(61.53) 48万円以下	
					\multicolumn{2}{l|}{(改正後)中間申告を行う意思を有する事業者について、任意の中間申告(年1回)を可能とする。}	
消費税率 (地方消費税を含む)	3 %		4 % (5 %)		6.3 % (8 %)	7.8 % (10 %)	

（注）（ ）書きは、地方消費税(消費税率換算1%相当)を含む。（出典：財務省ホームページ）

II 消費税の概要

現行の消費税の概要について、財務省の資料から引用し、一覧表にまとめて紹介します。

消費税の概要

項目	制度の概要
課税対象	（1）国内取引……国内において事業者が行う資産の譲渡等　（2）輸入取引……輸入貨物
納税義務者	（1）国内取引……事業者　（2）輸入取引……輸入者
課税標準	（1）国内取引……課税資産の譲渡等の対価の額　（2）輸入取引……輸入の際の引取価格
税率	4％（地方消費税と合わせて5％） 【改正後】　26年4月以後　6.3％（地方消費税と合せて8％） 　　　　　　27年10月以後　7.8％（地方消費税と合せて10％）
納付税額の計算	消費税の納付税額　＝　課税売上高　×　税率　－　仕入税額
輸出免税	輸出取引等（貨物の輸出、国際輸送・通信等）
非課税	土地の譲渡・賃貸、金融・保険、医療、教育、福祉、住宅家賃等
	（1）事業者免税点制度 　　基準期間（前々年又は前々事業年度）の課税売上高が1,000万円以下の事業者は、納税義務を免除

中小企業に対する特例措置	（注１）資本金が1,000万円以上の新設法人の設立当初の２年間については免除しない （注２）特定期間（前年又は前事業年度上半期）の課税売上高（給与支払額）が1,000万円超の事業者については免除しない（法人は25年12月決算から、個人は25年分から適用） 【改正後】課税売上高５億円超の事業者が設立する新設法人については免除しない（26年４月以後に設立される法人に適用） （２）簡易課税制度 　基準期間の課税売上高が5,000万円以下の事業者は、売上げに係る税額にみなし仕入率を乗じた金額を仕入税額とすることができる。 （みなし仕入率） 第１種事業（卸売業）………90％ 第２種事業（小売業）………80％ 第３種事業（製造業等）………70％ 第４種事業（その他の事業）………60％ 第５種事業（サービス業等）………50％
申告・納付	（１）国内取引 　①　確定申告 　　法人は課税期間の末日の翌日から２か月以内、個人事業者は翌年の３月末日までに申告・納付 　②　中間申告 | 直前の課税期間の年税額 || 中間申告・納付回数 | |---|---|---| | 48万円超 | 400万円以下 | 年１回（前課税期間の年税額の１／２） | | 400万円超 | 4,800万円以下 | 年３回（前課税期間の年税額の１／４ずつ） | | 4,800万円超 | | 年11回（前課税期間の年税額の１／12ずつ） | 【改正後】直前の課税期間の年税額48万円以下の事業者は任意の中間申告（年１回）が可能（26年４月以後に開始する課税期間から適用） （２）輸入取引 輸入取引：　保税地域からの引取りの際に申告・納付
価格表示	課税事業者は、消費者に対してあらかじめ値札や広告などにおいて商品・役務の価格を表示する場合、税込価格を表示（総額表示）

（出典：財務省ホームページ）

消費税のしくみと概要

　消費税は、特定の物品やサービスに課税する個別間接税とは異なり、消費に広く公平に負担を求める間接税で、生産及び流通のそれぞれの段階で、商品や製品などが販売される都度その販売価格に上乗せされてかかりますが、最終的に税を負担するのは消費者となります。この消費税は、事業者（事業を行う個人と法人をいいます。以下同じ。）を納税義務者とし、事業者が課税期間中に行った課税資産の譲渡等を課税対象とし、その譲渡等の対価の額を課税標準として算定した売上げに係る消費税額から課税仕入れ等

に係る消費税額のうち帳簿及び請求書等が保存されている税額を控除して納付すべき税額を計算する、前段階税額控除方式によっています。

● 前段階税額控除方式による課税の仕組み

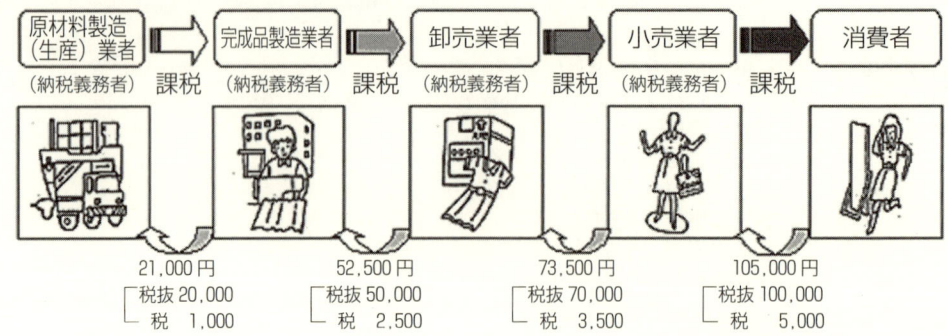

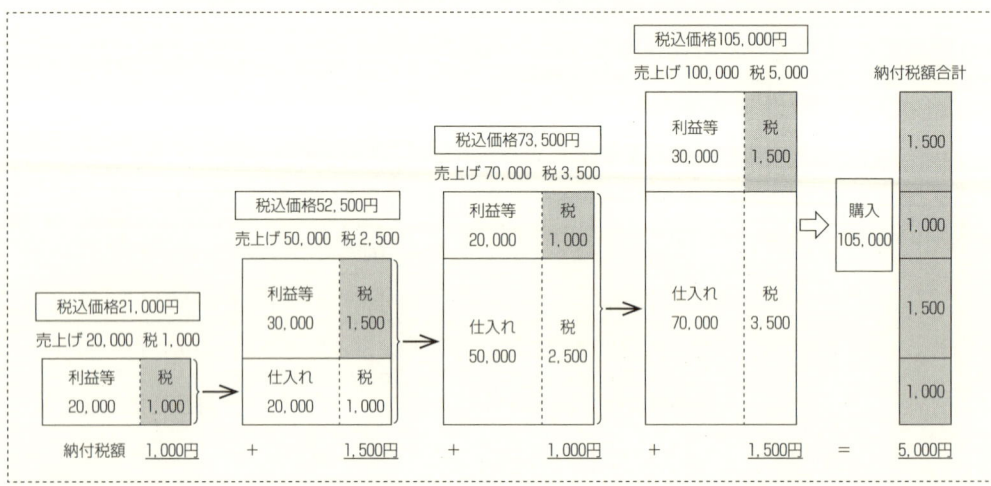

（出典：財務省ホームページ）

Ⅳ 消費税の課税対象

　消費税の課税対象は、国内において、①事業者が事業として、②対価を得て行う、③資産の譲渡、貸付け及び役務の提供と、④外国貨物の輸入です。
① 事業者が事業として行う取引とは、対価を得て行われる資産の譲渡等を繰り返し、継続、かつ、独立して行う取引のことをいいます。
　したがって、個人の中古車販売業者が行う中古車の売買は事業として行う売買になりますが、事業用でない自家用車などの生活用品を譲渡した場合などは、事業として行う取引とはなりませんので、消費税は課税されません。一方、法人は事業を行う目的をもって設立されたものですから、その活動はすべて事業として行う取引となります。

② 「対価を得て行う取引」とは、資産の譲渡、資産の貸付け及び役務の提供に対して反対給付を受け取ることをいいます。

例えば、商品を販売して代金を受け取ったり、事務所を貸し付けて家賃を受け取ったりするような取引です。

また、交換、代物弁済、現物出資などのように金銭の支払を伴わない資産の引渡しでも、何らかの反対給付があるものや、負担付き贈与についてはその負担部分が、対価を得て行う取引になりますので、課税の対象となります。

しかし、単なる贈与や寄附金、補助金、損害賠償金などは、原則として対価を得て行われる取引に当たりませんので、課税の対象になりません。

③ 「資産の譲渡等」とは、事業として有償で行われる資産の譲渡、資産の貸付け及び役務の提供をいいます。資産の貸付けについては、契約や慣習などにより支払日が定められている場合はその定められた支払日に納税義務が成立します。なお、住宅の貸付けは、原則として課税されません。

④ 「外国貨物の輸入」では、保税地域から引き取る時に消費税が課税されます。その場合の消費税の納税義務者は、その貨物を保税地域から引き取る者（輸入申告者）です。

輸入取引の場合の納税義務者は、国内取引の場合のように事業者に限定されず、また、免税点などの規定も設けられていません。

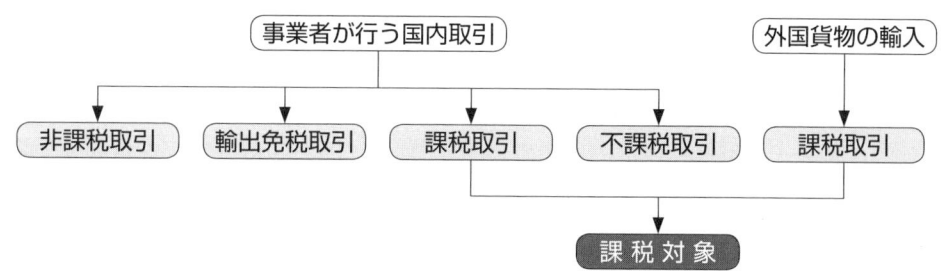

 納税義務者

（1） 個人事業者の場合

国内取引の納税義務者は、事業として、資産の譲渡や貸付け、役務の提供を行った事業者ですが、消費税には免税点が設けられており、基準期間（その年の前々年のことをいいます。）の課税売上高が1,000万円以下の事業者は消費税の納税義務が免除されます。

しかし、平成25年1月1日以後に開始する年については、基準期間の課税売上高が

1,000万円以下であっても特定期間（※）の課税売上高が1,000万円を超えた場合、当課税期間から課税事業者となります。なお、課税売上高に代えて、給与等支払額の合計額により判定することもできます。

※　特定期間とは、その年の前年の1月1日から6月30日までの期間をいいます。

●特定期間の課税売上高と給与等の金額による課税事業者・免税事業者の判定

基準期間	特定期間		判定
基準期間における課税売上高が1,000万円以下	課税売上高が1,000万円以下	給与等の金額の合計額が1,000万円以下	免税事業者
		給与等の金額の合計額が1,000万円超	免税事業者又は課税事業者いずれの判定も可能
	課税売上高が1,000万円超	給与等の金額の合計額が1,000万円以下	
		給与等の金額の合計額が1,000万円超	課税事業者

（出典：「平成23年度税制改正で消費税実務はこう変わる」研修資料　金井恵美子）

　また、基準期間が免税事業者の場合は、その基準期間である課税期間中の課税売上高には、消費税が課税されていませんから、税抜きの処理を行わない売上高で判定します。

（2）　相続により被相続人の事業を承継した場合の納税義務の判定

　相続により被相続人の事業を承継した相続人について、次に掲げる場合に該当するときには、納税義務が免除されません。

① 　相続があった年においては、相続人又は被相続人の基準期間における課税売上高のうちいずれかが1,000万円を超える場合

　（注）　相続人の基準期間における課税売上高が1,000万円以下で、被相続人の基準期間における課税売上高が1,000万円を超える場合には、当該相続人の当該相続のあった日の翌日からその年の12月31日までの間における課税資産の譲渡等について納税義務が免除されません。

② 　相続のあった年の翌年及び翌々年においては、相続人の基準期間における課税売上高と被相続人のそれとの合計額が1,000万円を超える場合

設例

（1）　被相続人　甲（X3年4月10日に死亡）

（2）　相続人　乙1人で甲の事業を承継した

（3）　X1年及びX2年の基準期間の課税売上高

　　　甲については1,000万円を超え、乙については1,000万円以下である。

（4）判定

① X3年は、基準期間中の甲の課税売上高が1,000万円を超えていることから、乙はX3年4月11日から年末までの間、課税事業者となる。

② X4年は、甲と乙の基準期間中の課税売上高を合算して判定（900万円＋450万円）することとなるため、乙は課税事業者となる。

③ X5年は、甲と乙の基準期間中の課税売上高を合算して判定（300万円＋500万円）することとなるため、乙は免税事業者となる。

＊被相続人及び相続人の課税売上高と免税事業者・課税事業者判定表

	X1年	X2年	X3年	X4年	X5年
被相続人・甲	1,200万円	900万円	300万円	－	－
	課税事業者	課税事業者	課税事業者	－	－
相続人・乙	400万円	450万円	500万円	1,400万円	1,500万円
	免税事業者	免税事業者	4月11日～年末までの間、課税事業者	課税事業者	免税事業者

　二以上の相続人がいるときには、相続財産の分割が実行されるまでの間は被相続人の事業を承継する相続人は確定しないことから、各相続人が共同して被相続人の事業を承継したものとして取り扱うこととなります。この場合において、各相続人のその課税期間に係る基準期間における課税売上高は、当該被相続人の基準期間における課税売上高に原則として各相続人の法定相続分に応じた割合を乗じた金額とします。

　そこで、複数の相続人がいる場合には遺産分割の時期又は分割取得者の工夫により消費税の納税義務の課非判定が異なることとなります。

設例

（1）被相続人　父（平成24年3月31日死亡）

（2）相続人　長男（会社員）・長女（専業主婦）

（3）父の基準期間（平成22年分）の課税売上高

　　① 駐車場収入　　800万円

　　② 倉庫家賃　　　900万円

（4）平成22年分以降の駐車場、倉庫家賃の状況 ⇒ 変動はないものとします。

（5）消費税の納税義務の判定

① 遺産分割時期の工夫

　例えば、長男が駐車場及び倉庫を、平成24年中にすべて相続したら父の基準期間の課

税売上高が1,000万円を超えているので、父の相続のあった日の翌日以降の消費税の納税義務は免除されません。

しかし、遺産分割協議が平成25年1月になってから調い、その結果、長男がすべての財産を相続することとなった場合には、「平成26年」から消費税の課税事業者と判定されます。これは、消費税は税の転嫁を予定して立法されているものであり、その年の納税義務の有無については、「その年の前年12月31日の現況に基づいて判定すべきである」という考え方に基づいて判定することになると思われます。

したがって、平成24年12月31日時点では遺産は未分割であったことから、法定相続分に応じて各相続人の納税義務を判定すると消費税の納税義務は免除されます。

② 分割取得者の工夫

例えば、駐車場を長男が、倉庫は長女がそれぞれ相続した場合、又は駐車場及び倉庫を1/2共有で長男と長女が相続したときは、父の基準期間の課税売上高が1,000万円以下となるため、長男・長女ともに平成24年以降の消費税の納税義務は免除されます。

しかし、それらの財産を1人で相続すると、父の基準期間の課税売上高が1,000万円を超えているので、父の相続のあった日の翌日以降の消費税の納税義務は免除されません。

(3) 法人の場合

消費税には免税点が設けられており、基準期間（前々事業年度のことをいいます（前々事業年度が1年未満の場合には、事業年度開始の日の2年前の日の前日から同日以後1年を経過する日までの間に開始した各事業年度を合わせた期間をいいます。）。）の課税売上高が1,000万円以下の事業者は消費税の納税義務が免除されます。そのため、新たに設立された法人については、設立当初の2年間は基準期間が存在しないことから、原則として免税事業者となります。

ただし、次のような場合には納税義務は免除されません。

① その事業年度の基準期間がない法人のうち、その事業年度開始の日における資本金の額又は出資の金額が1,000万円以上である法人（以下、「新設法人」といいます。）の場合、その基準期間のない事業年度については、納税義務は免除されません。

② 合併によって新たに設立された法人（合併法人）のその合併があった日の事業年度で、その基準期間に対応する期間における各被合併法人の課税売上高として計算した金額のいずれかが1,000万円を超えている場合

③ 分割等によって新たに設立した法人（新設分割子法人）のその分割があった日の事

業年度で、その基準期間に対応する期間における各新設分割親法人の課税売上高として計算した金額のいずれかが1,000万円を超える場合

④ 平成22年4月1日以後に設立された新設法人が、基準期間がない事業年度に含まれる各課税期間（簡易課税制度の適用を受ける課税期間は除きます。）中に調整対象固定資産の仕入れ等を行った場合には、その調整対象固定資産の仕入れ等の日の属する課税期間の初日以後3年を経過する日の属する課税期間までの各課税期間は納税義務が免除されず、簡易課税制度を適用して申告することもできません。

また、平成25年1月1日以後に開始する事業年度については、基準期間の課税売上高が1,000万円以下であっても特定期間（※）の課税売上高が1,000万円を超えた場合、当課税期間から課税事業者となります。なお、課税売上高に代えて、給与等支払額の合計額により判定することもできます。

※ 特定期間とは、原則として、その事業年度の前事業年度開始の日以後6か月の期間をいいます。

なお、個人事業者がいわゆる法人成りにより新規に法人を設立した場合には、個人当時の課税売上高はその法人の基準期間の課税売上高に含まれません。

 課税期間

(1) 個人事業者の場合

個人事業者の課税期間については、1月1日から12月31日までの1年間とされています。

ただし、特例として、届出により課税期間を3か月ごと又は1か月ごとに短縮することができます。

個人事業者が課税期間を3か月ごとに短縮する場合には、1月1日から3月31日まで、4月1日から6月30日まで、7月1日から9月30日まで、10月1日から12月31日までの各期間を課税期間とすることができます。

また、個人事業者が課税期間を1か月ごとに短縮する場合には、1月1日から1か月ごとに区分した各期間を一つの課税期間とすることができます。

(2) 法人の場合

　法人の課税期間については事業年度とされています。

　法人が課税期間を短縮する場合には、事業年度の初日から３か月又は１か月ごとに区分した各期間を一つの課税期間とすることができます。

(3) 課税期間の特例の選択

　課税期間の特例の選択をするためには、「消費税課税期間特例選択・変更届出書」を原則としてその適用を受けようとする短縮に係る各期間の開始の日の前日までに納税地を所轄する税務署長に提出することが必要です。

　なお、課税期間の特例の適用を最初に受ける場合には、年又は事業年度開始の日から適用開始の日の前日までを一つの課税期間として確定申告をしなければなりません。

　また、事業廃止の場合を除き、課税期間の特例の適用を受けた日から２年間は、課税期間の特例の適用をやめること、又は３か月ごとの課税期間から１か月ごとの課税期間へ若しくは１か月ごとの課税期間から３か月ごとの課税期間への変更をすることはできません。

> **コラム**　個人が新規開業した場合と新たに設立された法人の最初の課税期間開始の日
>
> 　個人が新たに事業を開始した場合における最初の課税期間の開始の日は、その事業を開始した日がいつであるかにかかわらず、その年の１月１日とされていますので、２月17日に新規開業し３か月の課税期間短縮の特例を選択する場合の課税期間は、①１月１日（２月17日）～３月31日、②４月１日～６月30日、③７月１日～９月30日、④10月１日～12月31日までとなります。
>
> 　一方、新たに設立された法人の最初の課税期間の開始の日は、法人の設立の日となります。この場合において、設立の日は、設立登記により成立する法人にあっては設立の登記をした日、行政官庁の認可又は許可によって成立する法人にあってはその認可又は許可の日とされます。
>
> 　そのため、法人の設立初年度において、例えば、２月17日設立で９月30日決算の法人が３か月ごとの課税期間短縮の特例を選択する場合の課税期間は、①２月17日～５月16日、②５月17日～８月16日、③８月17日～９月30日までの課税期間となります。
>
> 　法人と個人事業者とは、課税期間の取扱いが異なりますので、注意が必要です。

Ⅶ 非課税となる取引

　消費税は、消費に負担を求める税としての性格から課税の対象としてなじまないものや社会政策的配慮から、課税しない非課税取引が定められています。主な非課税取引には以下のようなものがあります。

① 土地の譲渡及び貸付け

　ただし、1か月未満の土地の貸付け及び建物や駐車場など施設の利用に付随して土地が使用される場合は消費税の課税の対象になります。

　また、駐車している車両の管理を行っている場合や、駐車場としての地面の整備又はフェンス、区画、建物の設置などをして駐車場として利用させる場合には、消費税の課税の対象となります。

② 有価証券等の譲渡

　ただし、株式・出資・預託の形態によるゴルフ会員権などの譲渡は非課税取引には当たりません。

③ 支払手段の譲渡

　ただし、これらを収集品として譲渡する場合は非課税取引には当たりません。

④ 預貯金の利子及び保険料を対価とする役務の提供等

⑤ 郵便事業株式会社、郵便局株式会社などが行う郵便切手類の譲渡、印紙の売渡し場所における印紙の譲渡及び地方公共団体などが行う証紙の譲渡

⑥ 商品券、プリペイドカードなどの物品切手等の譲渡

⑦ 国等が行う一定の事務に係る役務の提供

⑧ 外国為替業務に係る役務の提供

⑨ 社会保険医療の給付等

　ただし、美容整形や差額ベッドの料金及び市販されている医薬品を購入した場合は非課税取引に当たりません。

⑩ 介護保険サービスの提供

　ただし、サービス利用者の選択による特別な居室の提供や送迎などの対価は非課税取引には当たりません。

⑪ 社会福祉事業等によるサービスの提供

⑫ 助産

⑬ 火葬料や埋葬料を対価とする役務の提供

⑭　一定の身体障害者用物品の譲渡や貸付け

⑮　学校教育

⑯　教科用図書の譲渡

⑰　住宅の貸付け

　住宅用建物の貸付けは、貸付期間が1か月に満たない場合などを除き消費税の課税の対象になりません。

コラム　非課税・免税・不課税

　土地や有価証券の譲渡、預貯金や貸付金の利子などの取引は消費税の課税対象としない（「非課税取引」）こととされています。また、商品の輸出などは、消費税が課税されない「免税取引」とされています。一方、寄附や単なる贈与、出資に対する配当などは「不課税取引」とされます。

　非課税と免税は、その取引のために行った仕入れについて仕入税額の控除を行うことができるかどうかという点が異なります。

　すなわち、非課税とされる取引には消費税が課税されませんので、非課税取引のために行った仕入れについては、原則としてその仕入れに係る消費税額を控除することができません。

　これに対して、免税とされる輸出や輸出類似取引は、課税資産の譲渡等に当たりますが、一定の要件が満たされる場合に、その売上げについて消費税が免除されるものです。したがって、その輸出や輸出類似取引などのために行った仕入れについては、原則として仕入れに係る消費税額を控除することができることとなります。

　非課税取引と不課税取引では、課税売上割合の計算においてその取扱いが異なります。

　課税売上割合は、分母を総売上高（課税取引、非課税取引及び免税取引の合計額）とし、分子を課税売上高（課税取引及び免税取引の合計額）としたときの割合です。

　非課税取引は、原則として分母にだけ算入しますが、これに対して、不課税取引は、そもそも消費税の適用の対象にならない取引ですから、分母にも分子にも算入しません。

	非課税取引	免税取引	不課税取引
仕入税額控除	税額控除不可	税額控除可	ー
課税売上割合の計算	分母にのみ算入する	分母・分子ともに算入する	分母・分子ともに算入しない

VIII 不動産賃貸業における課税・非課税

不動産賃貸業における消費税の課税・非課税は次のようになります。

取引の区分				課税	非課税
土地	賃貸	原則			●
		1か月未満のもの		●	
		駐車場 （注1・2）	設備を有するもの（区画・フェンス等）	●	
			上記以外		●
	売買				●
建物	賃貸	店舗・事務所等		●	
		住宅（注3～注7）			●
	売買	アパート等事業の用に供したる建物に限る		●	

（注1） 駐車場を賃貸する場合

　駐車場のように独立して賃貸の目的となるものは、家賃とは区分して課税売上げとなります。ただし、住宅の賃貸に当たり、次のいずれにも該当する場合、駐車場と住宅が一体となって貸し付けられていると判断され、非課税となります。
① 一戸当たり1台分以上の駐車スペースが確保されており、かつ、自動車の保有の有無にかかわらず割り当てられている等の場合
② 家賃とは別に駐車場使用料等を収受していない場合

（注2） 駐車場における課非判定
① 砂利敷、アスファルト敷、コンクリート敷等の駐車場は、駐車場施設の利用に伴う土地の利用に該当する場合には、課税対象となります。
② 駐車場であっても、地面の整備、フェンス、区画、建物の設置等をしない土地そのものの貸付けは、非課税とされます。
③ 土地所有者が、土地を貸し、その借地人が上記施設等を施したうえで駐車場として他に貸し付けた場合、土地所有者が受け取る地代については非課税、土地賃借人が受け取る駐車場の賃料は課税の対象となります。

（注3） 住宅の範囲

　「住宅」とは、人の居住の用に供する家屋又は家屋のうち人の居住の用に供する部分をいい、一戸建ての住宅のほか、マンション、アパート、社宅、寮、貸間等が含まれ、消費税は非課税とされます。プール、アスレチックなどの施設については、居住者のみが使用でき、家賃とは別に利用料等を収受していない場合、非課税となります。店舗等併設住宅については、住宅部分のみが非課税とされますので、その家賃については住宅部分と店舗部分とを合理的に区分することとなります。

（注4） 住宅の貸付けの範囲

　その貸付けに係る契約において人の居住の用に供することが明らかにされているものに限ります。しかし、次に該当する場合は住宅の貸付けから除かれます。
① 貸付期間が1月未満の場合
② 旅館業法第2条第1項に規定する旅館業に係る施設の貸付けに該当する場合
　（注） 例えば、旅館、ホテル、貸別荘、リゾートマンション、ウイークリーマンション等は、その利用期間が1月以上となる場合であっても、非課税とはなりません。

(注5) 対価たる家賃の範囲
① 家賃には、月決め等の家賃のほか、敷金、保証金、一時金等のうち返還しない部分を含みます。
② 共同住宅における共用部分に係る費用（エレベーターの運行費用、廊下等の光熱費、集会所の維持費等）を入居者が応分に負担する、いわゆる共益費も家賃に含まれます。
（注） 共益費以外の専有部分の電気、ガス、水道等の利用料は、非課税とされる住宅の貸付けに該当しないことから、課税されます。
③ 「まかない」などのサービスが伴う下宿、有料老人ホーム等の場合、まかないなどのサービス部分は課税となり、部屋代部分は非課税となります。
(注6) 転貸する場合の取扱い
事業者が社宅として借り受ける場合であっても、契約において従業員等が居住の用に供することが明らかであれば非課税とされます。
(注7) 用途変更の場合
住宅として貸し付けられた建物について、契約当事者間で住宅以外の用途に契約変更した場合には、契約変更後のその建物の貸付けは課税の対象となります。

コラム　介護付有料老人ホームにおける住宅の貸付けの範囲

外部利用のある診療所等が併設されている介護付有料老人ホームにおける住宅の貸付けの範囲について、平成22年6月25日付国税不服審判所裁決では、消費税法上、非課税となる住宅とは、「住宅賃借人が日常生活の用に供する場所を指すものと解されるから、住宅の貸付けの範囲の判定に当たっては、住宅賃借人が日常生活を送るために必要な場所と認められる部分は、すべて住宅に含まれると解するのが相当である。」と判断しています。

また、消費税法上、非課税となる住宅の貸付けの範囲の判定に当たっては、「介護付有料老人ホームは、入居した老人が、入浴、排せつ、食事などに係る介護を受けながら日常生活を送る場所であるところ、その建物が介護付有料老人ホームの用に供されている場合にあっては、単に寝食の場ということではなく、入居した老人が介護等のサービスを受けながら日常生活を営む場であるというべきであるから、介護付有料老人ホーム用建物の内部に設置された介護サービスを提供するための施設は、入居した老人が日常生活を送る上で必要不可欠な場所であるというべきであり、住宅に含まれると判断するのが相当である。」と判断しています。

当該裁決では、介護付有料老人ホームの各部分について入居者が日常生活を送る上で必要と認められる部分に該当するか否かを判断しており、①個室及び居間・食堂等、②宿直室等、③厨房等、④スタッフステーション等及び⑤事務室の一部（入居者のための介護サービスに関する事務を行うために使用する部分）は、いずれも入居者が生活を営む場及び日常生活を送る上で必要な部分と認め、住宅に含まれるとしています。

Ⅸ 税抜経理方式又は税込経理方式による経理処理

（1） 2つの経理方式と経理処理

　消費税の納税義務者である事業者は、所得税又は法人税の所得計算に当たり、消費税等について税抜経理方式又は税込経理方式のどちらを選択してもよいこととされています。

① 税抜経理方式を選択適用した場合

　事業者がすべての取引について税抜経理方式を選択適用した場合には、課税売上げに対する消費税等の額は仮受消費税等とし、また、課税仕入れに対する消費税等の額は仮払消費税等とします。したがって、事業者が簡易課税制度の適用を受けない場合には、その課税期間の仮受消費税等の金額から仮払消費税等の金額（控除対象外消費税等に相当する金額を除きます。）を控除した金額が納付すべき税額又は還付を受ける税額となります。

　ただし、簡易課税制度を適用している事業者の仕入控除税額は、その課税期間の課税標準額に対する消費税額にみなし仕入率を掛けて計算した金額とされますので、簡易課税制度による納付すべき税額と、上記の仮受消費税等の金額から仮払消費税等の金額を控除した金額とに差額が生じる場合があります。この場合には、個人事業者においては、その課税期間を含む年の事業所得等の金額の計算上、その差額を総収入金額又は必要経費に算入します。また、法人においては、その差額をその課税期間を含む事業年度の益金の額又は損金の額に算入します。

② 税込経理方式を選択適用した場合

　事業者がすべての取引について税込経理方式を選択適用した場合には、課税売上げに対する消費税等の額は収入金額又は収益に含まれ、また、課税仕入れに対する消費税等の額は仕入金額や経費などの額に含まれます。このため、納付すべき消費税等の額は、租税公課として必要経費又は損金の額に算入し、還付を受ける消費税等の額は、雑収入などとして総収入金額又は益金の額に算入します。

　この場合の納付すべき消費税等の額及び還付を受ける消費税等の額の計上時期は、原則として次のとおりです。

　　イ　申告に係るもの

　　　その申告書が提出された日の属する年又は事業年度

　　ロ　更正又は決定に係るもの

その更正又は決定があった日の属する年又は事業年度

なお、個人事業者が申告期限未到来の納税申告書に記載すべき消費税等の額を未払金又は未収入金に計上した場合には、その計上した年の必要経費又は総収入金額に算入することができます。

また、法人が申告期限未到来の納税申告書に記載すべき消費税等の額を損金経理により未払金に計上した場合又は収益の額として未収入金に計上した場合には、その計上した事業年度の損金の額又は益金の額に算入します。

なお、消費税の納税義務が免除されている免税事業者は、税込経理方式によります。

(具体的な仕訳例)

小売店が商品を7,000円（税抜き）で掛仕入し、10,000円（税抜き）で現金で販売した場合

```
仕入先 ─────────── 小売店 ─────────── 消費者
        7,000円                10,000円
        350円（消費税等）       500円（消費税等）
```

1 税抜経理方式

(1) 仕入時　（借方）仕入 ………… 7,000円　　（貸方）買掛金 ……… 7,350円
　　　　　　　　　　仮払消費税等 …… 350円
(2) 売上時　（借方）現金 ………… 10,500円　（貸方）売上 ………… 10,000円
　　　　　　　　　　　　　　　　　　　　　　　　　仮受消費税等 …… 500円

2 税込経理方式

(1) 仕入時　（借方）仕入 ………… 7,350円　　（貸方）買掛金 ……… 7,350円
(2) 売上時　（借方）現金 ………… 10,500円　（貸方）売上 ………… 10,500円

(2) いずれの経理方式を選択すれば良いか

消費税の経理方式は税抜経理方式と税込経理方式とがありますが、いずれの方式を採用しても消費税の還付税額に差はありません。しかし、いずれの方式を選択するかによって、所得金額及び税負担額に差が生じますので、慎重な判断が必要になります。

税抜経理方式を選択適用する場合は、売上げなどの収益に係る取引について必ず税抜経理をしなければなりません。しかし、固定資産、棚卸資産及び繰延資産（以下「固定資産等」といいます。）の取得に関する取引又は販売費、一般管理費など（以下「経費

等」といいます。）の支出に関する取引のいずれかの取引について税込経理方式を選択適用することができます。

　一方、売上げなどの収益に係る取引について税込経理方式を選択適用する場合は、固定資産等の取得に係る取引及び経費等に係る取引のすべてについて税込経理をすることが必要です。

設例

課税事業者である個人甲が平成25年1月に以下のような貸ビルを新築し事業の用に供した。

① 課税売上げに係る仮受消費税　9万円
② 貸ビル建築　15,000万円（税抜き価格、耐用年数47年）
　同上の課税仕入れ等の税額　750万円（他に仕入税額はないものとします。）
③ 還付される消費税額　750万円 － 9万円＝741万円

＜仕訳例＞　　　　　　　　　　　　　　　　　　　　　　　　　　（単位：万円）

		税抜経理方式	税込経理方式
平成25年	課税仕入れ取引	（借）建物　　　　15,000 　　　仮払消費税　　 750 （貸）諸口　　　　15,750	（借）建物　　　15,750 （貸）諸口　　　15,750
平成25年	還付消費税	（借）未収税金　　 741 （貸）仮払消費税　 741	消費税の申告書において741の還付請求
平成25年	減価償却費	（借）減価償却費　 330 （貸）建物　　　　 330 ＊定額法で47年 ＊償却率0.022	（借）減価償却費　346.5 （貸）建物　　　 346.5 ＊償却方法は税抜経理方式と同じ
平成26年	消費税の還付	（借）現金　　　　 741 （貸）未収税金　　 741	（借）現金　　　　741 （貸）雑収入　　　741

　上記の仕訳からも、いずれの経理方式によっても741万円の消費税の還付が受けられます。しかし、税抜経理方式と税込経理方式とでは、以下のように損益は大きく異なることになります。

(単位：万円)

	税抜経理方式	税込経理方式	差
平成25年	減価償却費　330 差引所得　△330	減価償却費　346.5 差引所得　△346.5	16.5
平成26年	減価償却費　330 差引所得　△330	減価償却費　346.5 雑収入　　　741.0 差引所得　　394.5	△724.5

　平成25年では税込経理方式が有利となります。しかし、平成26年においては税込経理方式では消費税の還付金741万円は雑収入に計上し、不動産所得の金額の計算上収入金額に算入されます。一方、税抜経理方式では還付を受けた消費税は不動産所得の金額の計算上収入金額には算入されません。これは、税込経理方式では、建物に係る消費税を含めて建物の取得価額としていることから、建物の耐用年数47年間にわたって減価償却を通じて、支払った消費税も必要経費とされることから、還付を受けた消費税は不動産所得の金額の計算上収入金額とされます。

　そのことから、当面の税負担の差を考えると税抜経理方式の方が有利と判定されます。

 控除できなかった消費税額等（控除対象外消費税額等）の処理

　平成24年4月1日以後開始する課税期間で税抜経理方式を採用している場合において、課税期間の課税売上高が5億円を超えるとき又は課税売上割合(注1)が95％未満であるときには、その課税期間の仕入控除税額は、課税仕入れ等に対する消費税額の全額ではなく、課税売上げに対応する部分の金額となります。したがって、この場合には、控除対象外消費税額等（仕入税額控除ができない仮払消費税等の額）が生じることになります。

　この控除対象外消費税額等は、法人税法上又は所得税法上、次に掲げる方法によって処理します(注2)。

(注1)　課税売上割合
　　　＝その課税期間の課税売上高（税抜き）÷その課税期間の総売上高（税抜き）
(注2)　税込経理方式を採用している場合には、消費税額及び地方消費税額は資産の取得価額又は経費の額に含まれますので、特別な処理は要しません。

(1)　資産に係る控除対象外消費税額等

　資産に係る控除対象外消費税額等は、次のいずれかの方法によって、損金の額又は必要経費に算入します。

① その資産の取得価額に算入し、それ以後の事業年度又は年分において償却費などとして損金の額に算入します。
② 次のいずれかに該当する場合には、法人税法上は、損金経理を要件としてその事業年度の損金の額に算入し、また、所得税法上は、全額をその年分の必要経費に算入します。
　イ　その事業年度又は年分の課税売上割合が80％以上であること。
　ロ　棚卸資産に係る控除対象外消費税額等であること。
　ハ　一の資産に係る控除対象外消費税額等が20万円未満であること。
③ 上記に該当しない場合には、「繰延消費税額等」として資産計上し、次に掲げる方法によって損金の額又は必要経費に算入します。
　イ　法人税
　　繰延消費税額等を60で除し、これにその事業年度の月数を乗じて計算した金額の範囲内で、その法人が損金経理した金額を損金の額に算入します。
　　なお、その資産を取得した事業年度においては、上記によって計算した金額の2分の1に相当する金額の範囲内で、その法人が損金経理した金額を損金の額に算入します。
　ロ　所得税
　　繰延消費税額等を60で除し、これにその年において事業所得等を生ずべき業務を行っていた期間の月数を乗じて計算した金額を必要経費に算入します。
　　なお、その資産を取得した年分においては、上記によって計算した金額の2分の1に相当する金額を必要経費の額に算入します。

（2）　控除対象外消費税額等が資産に係るもの以外である場合
　次に掲げる方法によって損金の額又は必要経費に算入します。
① 法人税
　全額をその事業年度の損金の額に算入します。
　ただし、交際費等に係る控除対象外消費税額等に相当する金額は交際費等の額として、交際費等の損金不算入額を計算します。
② 所得税
　全額をその年分の必要経費に算入します。

 納付税額と仕入控除税額の計算方法

(1) 納付税額の計算方法

　事業者が国内で商品の販売やサービスの提供などを行った場合には、原則として消費税が課税されます。この消費税の納付税額は課税期間中の課税売上げに係る消費税額から課税仕入れ等に係る消費税額を差し引いて計算します。

① 消費税

　消費税の納付税額は、課税期間中の課税売上高に4％を掛けた額から、課税仕入高に105分の4を掛けた額を差し引いて計算します。

　課税期間は、原則として、個人の場合は1月1日から12月31日までの1年間で、法人の場合は事業年度です。

　なお、この場合の「課税売上高」は、消費税及び地方消費税に相当する額を含まない税抜きの価額です。

（算式）

$$\text{消費税の納付税額} = \text{課税期間中の課税売上げに係る消費税額} - \text{課税期間中の課税仕入れ等に係る消費税額}$$

② 地方消費税

　地方消費税の納付税額は消費税の納付税額の25％です。

　納税する際には消費税と地方消費税の納付税額の合計額をまとめて納税することになります。

　なお、「消費税簡易課税制度選択届出書」を提出した事業者は、その提出した日の属する課税期間の翌課税期間以後の課税期間については、その課税期間の仕入れに係る消費税額を実額によらないで計算する簡易課税制度の特例が適用されます。

(2) 仕入控除税額の計算方法

　課税売上げに係る消費税額から控除する課税仕入れ等に係る消費税額（以下「仕入控除税額」といいます。）の計算方法は、その課税期間中の課税売上割合が95％以上であるか95％未満であるかにより異なります。

① 課税売上割合が95％以上の場合

　課税期間中の課税売上げに係る消費税額から、その課税期間中の課税仕入れ等に係る

消費税額の全額を控除します。

　この課税仕入れ等に係る消費税額の全額を控除するという算出方法は、平成24年4月1日以後に開始する課税期間からは、当課税期間における課税売上割合が95％以上であっても1年間の課税売上高が5億円超の場合には、仕入税額控除の計算を下記イ（個別対応方式）又はロ（一括比例配分方式）のいずれかにより行うこととなります。

② 課税売上割合が95％未満の場合

　課税仕入れ等に係る消費税額の全額を控除するのではなく、課税売上げに対応する部分のみを控除します。

　したがって、次のイ又はロのいずれかの方式によって計算した仕入控除税額を、その課税期間中の課税売上げに係る消費税額から控除します。

　イ　個別対応方式

　　その課税期間中の課税仕入れ等に係る消費税額のすべてを、

　　（イ）課税売上げにのみ要する課税仕入れ等に係るもの

　　（ロ）非課税売上げにのみ要する課税仕入れ等に係るもの

　　（ハ）課税売上げと非課税売上げに共通して要する課税仕入れ等に係るもの

　　に区分し、次の算式により計算した仕入控除税額をその課税期間中の課税売上げに係る消費税額から控除します。

　　（算式）仕入控除税額＝（イ）＋（ハ）×課税売上割合（注）

　　この方式は上記の区分がされている場合に限り、採用することができます。

　ロ　一括比例配分方式

　　その課税期間中の課税仕入れ等に係る消費税額が個別対応方式の（イ）、（ロ）及び（ハ）のように区分されていない場合又は区分されていてもこの方式を選択する場合に適用します。

　　その課税期間中の課税売上げに係る消費税額から控除する仕入控除税額は、次の算式によって計算した金額になります。

　　（算式）　仕入控除税額＝課税仕入れ等に係る消費税額×課税売上割合

　　なお、この一括比例配分方式を選択した場合には、2年間以上継続して適用した後でなければ、個別対応方式に変更することはできません。

（注）課税売上割合の計算は、次の算式により計算します。

$$課税売上割合 = \frac{課税期間中の課税売上高（税抜き）}{課税期間中の総売上高（税抜き）}$$

● 課税仕入れ等に係る消費税の取扱い

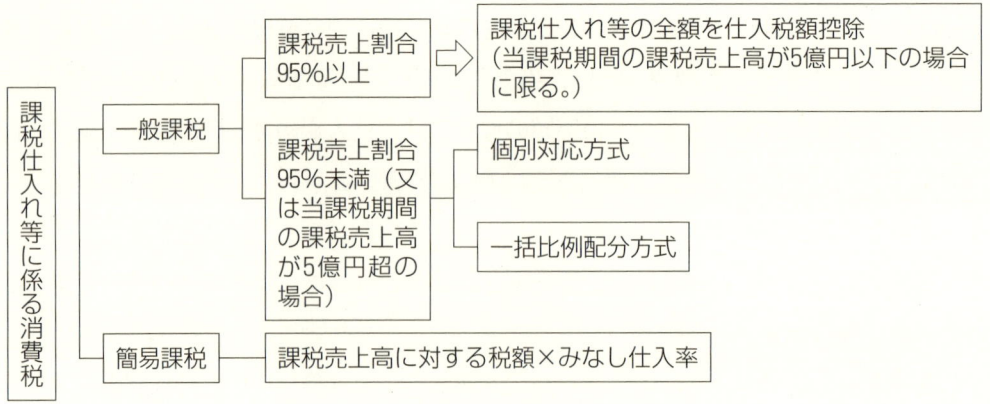

● 一般課税（一括比例配分方式）による消費税の計算のしくみ
次の算式により仕入控除税額を計算します。

> 課税仕入れ等に係る消費税×課税売上割合

この方式を選択する場合は、特に届出は必要ありませんが、選択すると2年間はこの方式を継続しなければなりません。

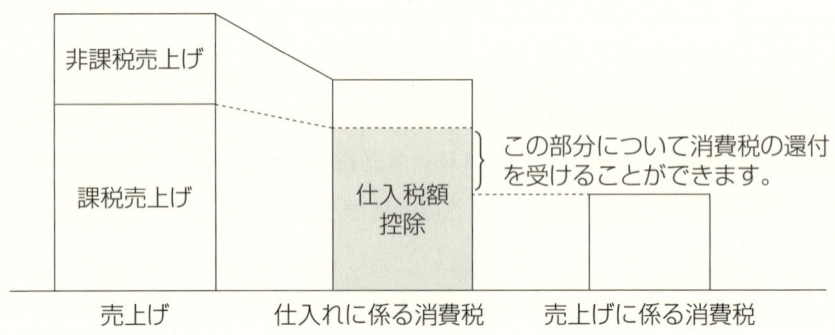

コラム　免税事業者等から仕入れた場合の仕入税額の控除

　消費税の納付税額は、課税期間中の課税売上高（税抜き）に100分の4を掛けた金額から課税仕入高（税込み）に105分の4を掛けた金額を差し引いて計算します。

　課税仕入高に105分の4を掛けた額を差し引くことを仕入税額の控除といいます。

　この場合の課税仕入れとは、商品などの棚卸資産の仕入れのほか、機械や建物等の事業用資産の購入又は賃借、原材料や事務用品の購入、運送等のサービスの購入など、事業のための購入などをいいます。

　したがって、免税事業者から仕入れた場合や事業者ではない消費者から仕入れた場合も、仕入税額控除の対象となります。

　この免税事業者や消費者から仕入れた場合でも、その支払った対価の額は消費税及び地

方消費税込みの金額とされますので、その対価の額の105分の4相当金額は消費税額として仕入税額控除を行うことができます。

例えば、免税事業者である下請業者に外注費100万円を支払ったとします。この100万円の支払の中には、その105分の4に相当する38,095円の消費税額が含まれているものとして、仕入税額控除を行うことになります。このことは、事業用の建物や器具などを事業者でない人から購入したり賃借する場合も同じです。

コラム　建設仮勘定の仕入税額控除の時期

建設工事の場合は、通常、工事の発注から完成引渡しまでの期間が長期に及びます。そのため、一般的に、工事代金の前払金又は部分的に引渡しを受けた工事代金や経費（設計料、資材購入費等）の額を一旦建設仮勘定として経理し、これを目的物の全部が引き渡されたときに固定資産などに振り替える処理を行っています。

しかし、消費税法においては、建設仮勘定に計上されている金額であっても、原則として物の引渡しや役務の提供があった日の課税期間において課税仕入れに対する税額の控除を行うことになりますから、当該設計料に係る役務の提供や資材の購入等の課税仕入れについては、その課税仕入れを行った日の属する課税期間において仕入税額控除を行うことになります。

ただし、建設仮勘定として経理した課税仕入れについて、物の引渡しや役務の提供又は一部が完成したことにより引渡しを受けた部分をその都度課税仕入れとしないで、工事の目的物のすべての引渡しを受けた日の課税期間における課税仕入れとして処理する方法も認められます。

XII　課税売上割合が著しく変動したときの調整

課税事業者が調整対象固定資産の課税仕入れ等に係る消費税額について比例配分法(注1)により計算した場合で、その計算に用いた課税売上割合が、その取得した日の属する課税期間（以下「仕入課税期間」といいます。）以後3年間の通算課税売上割合(注2)と比較して著しく増加したとき又は著しく減少したときは、第3年度の課税期間(注3)において仕入控除税額の調整を行います。

なお、この調整は、調整対象固定資産を第3年度の課税期間の末日に保有している場合に限って行うこととされていますので、同日までにその調整対象固定資産を除却、廃棄、滅失又は譲渡等したことにより保有していない場合には行う必要はありません。

（注1）「比例配分法」とは、個別対応方式において課税資産の譲渡等とその他の資産に共通して要するものに

ついて、課税売上割合を乗じて仕入控除税額を計算する方法又は一括比例配分方式により仕入控除税額を計算する方法をいいます。
　なお、当課税期間における課税売上割合が95％以上かつ１年間の課税売上高が５億円以下であるためその課税期間の課税仕入れ等の税額の全額が控除される場合を含みます。
（注２）「通算課税売上割合」とは、仕入課税期間から第３年度の課税期間までの各課税期間中の総売上高に占める課税売上高の割合をいいます。
（注３）「第３年度の課税期間」とは、仕入課税期間の初日から３年を経過する日の属する課税期間をいいます。

（１）　通算課税売上割合が著しく増加した場合

通算課税売上割合が仕入課税期間の課税売上割合に対して著しく増加した場合には、次の金額（加算金額）を第３年度の課税期間の仕入控除税額に加算します。

$$\text{加算金額} = \left[\text{調整対象基準税額} \times \text{通算課税売上割合}\right] - \left[\text{調整対象基準税額} \times \text{その仕入課税期間の課税売上割合}\right]$$

（注１）　著しく増加した場合とは、次のいずれにも該当する場合をいいます。

(イ) $\dfrac{\text{通算課税売上割合} - \text{仕入課税期間の課税売上割合}}{\text{仕入課税期間の課税売上割合}} \geq \dfrac{50}{100}$

(ロ) 通算課税売上割合 － 仕入課税期間の課税売上割合 $\geq \dfrac{5}{100}$

（注２）　調整対象基準税額とは、第３年度の課税期間の末日に保有している調整対象固定資産の課税仕入れ等の消費税額をいいます。

（２）　通算課税売上割合が著しく減少した場合

通算課税売上割合が仕入課税期間の課税売上割合に対して著しく減少した場合には、次の金額（減算金額）を第３年度の課税期間の仕入控除税額から控除します。

$$\text{減算金額} = \left[\text{調整対象基準税額} \times \text{その仕入課税期間の課税売上割合}\right] - \left[\text{調整対象基準税額} \times \text{通算課税売上割合}\right]$$

（注）　著しく減少した場合とは、次のいずれにも該当する場合をいいます。

(イ) $\dfrac{\text{仕入課税期間の課税売上割合} - \text{通算課税売上割合}}{\text{仕入課税期間の課税売上割合}} \geq \dfrac{50}{100}$

(ロ) 仕入課税期間の課税売上割合 － 通算課税売上割合 $\geq \dfrac{5}{100}$

なお、控除しきれない金額があるときには、その金額を第３年度の課税期間の課税売上高に係る消費税額の合計額に加算します。

> **コラム** 消費税課税期間特例選択をした場合の第3年度の課税期間
>
> 　課税事業者がアパートを新築した場合の課税仕入れ等に係る消費税額について比例配分法により計算した場合で、その計算に用いた課税売上割合が、その取得した日の属する課税期間（以下「仕入課税期間」といいます。）以後3年間の通算課税売上割合と比較して著しく増加・減少したときは、第3年度の課税期間（仕入課税期間の初日から3年を経過する日の属する課税期間）において仕入控除税額の調整を行うこととされています。
>
> 　しかし、第3年度の課税期間において免税事業者である場合や簡易課税制度の適用を受けている場合には、仕入れに係る消費税額の調整を行う必要はありません。
>
> 【設例】
> 　「消費税課税事業者選択届出書」を平成24年12月に提出した個人甲が、平成25年7月にアパートを新築した場合の第3年度の課税期間
> （1）　原則　平成25年1月1日〜平成27年12月31日まで
> （2）　3か月の「消費税課税期間特例選択・変更届出書」を平成25年6月に提出した場合
> 　　　平成25年7月1日〜平成28年6月30日まで
> （3）　（2）の場合に平成27年6月30日に「消費税課税期間特例選択不適用届出書」を提出した場合
> 　　　平成25年7月1日〜平成28年12月31日まで
> 　以上の課税期間内において、各課税期間は納税義務が免除されず、簡易課税制度を適用して申告することもできません。

XIII 簡易課税制度

（1）制度の概要

　消費税の納付税額は、通常は次のように計算します。

　課税売上高（税抜き）×4％－課税仕入高（税込み）×4/105

　しかし、その課税期間の前々年又は前々事業年度の課税売上高が5,000万円以下で、簡易課税制度の適用を受ける旨の届出書を事前に提出している事業者は、実際の課税仕入れ等の税額を計算することなく、課税売上高から仕入控除税額の計算を行うことができる簡易課税制度の適用を受けることができます。

　この制度は、仕入控除税額を課税売上高に対する税額の一定割合とするというものです。この一定割合をみなし仕入率といい、売上げを卸売業、小売業、製造業等、サービス業等及びその他の事業の5つに区分し、それぞれの区分ごとのみなし仕入率を適用します。

事業区分	みなし仕入率	該当する事業
第一種事業	90%	卸売業（他の者から購入した商品をその性質、形状を変更しないで他の事業者に対して販売する事業）をいいます。
第二種事業	80%	小売業（他の者から購入した商品をその性質、形状を変更しないで販売する事業で第一種事業以外のもの）をいいます。
第三種事業	70%	農業、林業、漁業、鉱業、建設業、製造業（製造小売業を含みます。）、電気業、ガス業、熱供給業及び水道業をいい、第一種事業、第二種事業に該当するもの及び加工賃その他これに類する料金を対価とする役務の提供を除きます。
第四種事業	60%	第一種事業、第二種事業、第三種事業及び第五種事業以外の事業をいい、具体的には、飲食店業、金融・保険業などです。 なお、事業者が自己において使用していた固定資産の譲渡を行う事業は、第四種事業となります。
第五種事業	50%	不動産業、運輸通信業、サービス業（飲食店業に該当する事業を除きます。）をいい、第一種事業から第三種事業までの事業に該当する事業を除きます。

（注）　事業者が行う事業が第一種事業から第五種事業までのいずれに該当するかの判定は、原則として、その事業者が行う課税資産の譲渡等ごとに行います。

（2）　仕入控除税額の計算

① 基本的な計算の方法

　イ　第1種事業から第5種事業までのうち一種類の事業だけを営む事業者の場合

（算式）

仕入控除税額 ＝ (課税標準額に対する消費税額 － 売上げに係る対価の返還等の金額に係る消費税額)

×みなし仕入率
- 第1種事業　90%
- 第2種事業　80%
- 第3種事業　70%
- 第4種事業　60%
- 第5種事業　50%

　ロ　第1種事業から第5種事業までのうち2種類以上の事業を営む事業の場合

（イ）原則法

仕入控除税額 ＝ (課税標準額に対する消費税額 － 売上げに係る対価の返還等の金額に係る消費税額)

$$\times \frac{\text{第1種事業に係る消費税額}\times 90\% + \text{第2種事業に係る消費税額}\times 80\% + \text{第3種事業に係る消費税額}\times 70\% + \text{第4種事業に係る消費税額}\times 60\% + \text{第5種事業に係る消費税額}\times 50\%}{\text{第1種事業に係る消費税額} + \text{第2種事業に係る消費税額} + \text{第3種事業に係る消費税額} + \text{第4種事業に係る消費税額} + \text{第5種事業に係る消費税額}}$$

(ロ) 簡便法

次のA及びBのいずれにも該当しない場合は、次の算式により計算しても差し支えありません。

A　貸倒回収額がある場合

B　売上対価の返還等がある場合で、各種事業に係る消費税額からそれぞれの事業の売上対価の返還等に係る消費税額を控除しても控除しきれない場合

仕入控除税額＝

第1種事業に係る消費税額×90％＋第2種事業に係る消費税額×80％＋第3種事業に係る消費税額×70％＋第4種事業に係る消費税額×60％＋第5種事業に係る消費税額×50％

② 特例の計算

イ　2種類以上の事業を営む事業者で、1種類の事業の課税売上高が全体の課税売上高の75％以上を占める場合には、その事業のみなし仕入率を全体の課税売上げに対して適用することができます。

ロ　3種類以上の事業を営む事業者で、特定の2種類の事業の課税売上高の合計額が全体の課税売上高の75％以上を占める事業者については、その2業種のうちみなし仕入率の高い方の事業に係る課税売上高については、そのみなし仕入率を適用し、それ以外の課税売上高については、その2種類の事業のうち低い方のみなし仕入率をその事業以外の課税売上げに対して適用することができます。

例えば、3種類以上の事業を営む事業者の第1種事業及び第2種事業に係る課税売上高の合計が全体の課税売上高の75％以上を占める場合の計算式は次のとおりです。

(イ) 原則法

$$仕入控除税額 = \left(\begin{matrix} 課税標準額に対 \\ する消費税額 \end{matrix} - \begin{matrix} 売上げに係る対価の返還 \\ 等の金額に係る消費税額 \end{matrix} \right) \times \frac{第1種事業に係る消費税額 \times 90\% + \left(\begin{matrix} 売上げに係 \\ る消費税額 \end{matrix} - \begin{matrix} 第1種事業に \\ 係る消費税額 \end{matrix} \right) \times 80\%}{売上げに係る消費税額}$$

(ロ) 簡便法

次のA及びBのいずれにも該当しない場合は、次の算式により計算しても差し支えありません。

A　貸倒回収額がある場合

B　売上対価の返還等がある場合で、各種事業に係る消費税額からそれぞれの事業の売上対価の返還等に係る消費税額を控除しても控除しきれない場合

$$仕入控除税額 = \frac{第1種事業に係る消費税額}{} \times 90\% + \left[\frac{売上げに係る消費税額}{} - \frac{第1種事業に係る消費税額}{}\right] \times 80\%$$

③ 事業区分をしていない場合の取扱い

　2種類以上の事業を営む事業者が課税売上げを事業ごとに区分していない場合には、この区分をしていない部分については、その区分していない事業のうち一番低いみなし仕入率を適用して仕入控除税額を計算します。

XIV 申告と納税

(1) 確定申告と納税

　課税事業者は、原則として課税期間ごとにその課税期間の終了の日の翌日から2か月以内に、納税地を所轄する税務署長に消費税の確定申告書を提出するとともに、その税金を納付しなければなりません。

　ただし、個人事業者の12月31日の属する課税期間の消費税の確定申告と納税の期限は2月末日ではなく、3月31日までに延長されています。

　なお、課税事業者であっても、課税取引がなく、かつ、納付税額がない課税期間については、確定申告書を提出する必要はありませんが、課税仕入れに対する消費税額や中間納付額があるときは還付申告をすることができます。

(2) 課税期間特例の適用のある場合の確定申告と納税

区分	個人事業者		法人
	課税期間	申告と納税期限	
3月特例	1〜3月分	5月31日まで	その事業年度をその開始の日以降3月ごとに区分した各期間（最後に3月未満の期間が生じたときは、その3月未満の期間）の末日の翌日から2月以内
	4〜6月分	8月31日まで	
	7〜9月分	11月30日まで	
	10〜12月分	翌年の3月31日まで	
1月特例	1月1日以後1月ごとに区分した各期間のうち1月から11月分	左記の各期間の末日の翌日から2月以内	その事業年度をその開始の日以降1月ごとに区分した各期間（最後に1月未満の期間が生じたときは、その1月未満の期間）の末日の翌日から2月以内
	12月分	翌年の3月31日まで	

(3) 輸入貨物を引き取るときの確定申告と納税

輸入貨物を引き取るときの消費税については保税地域を所轄する税関長に申告書を提出し課税貨物を保税地域から引き取るときまでに国に納付をします。

なお、納期限の延長を受けたい旨の申請書を税関長に提出し担保を提供した場合は、担保の額の範囲内の消費税額について最長3か月間の納期限の延長が認められます。

(4) 中間申告制度

① 中間申告書の提出が必要な事業者

中間申告書の提出が必要な事業者は、個人の場合は前年、法人の場合は前事業年度（以下「前課税期間」といいます。）の消費税の年税額（地方消費税額は含みません。）が48万円を超える者です。

ただし、課税期間の特例制度を適用している事業者は、中間申告書を提出する必要はありません。

なお、個人事業者の場合は事業を開始した日の属する課税期間、法人の場合は設立（合併による設立は除きます）の日の属する課税期間及び3か月を超えない課税期間については、中間申告書を提出する必要はありません。

② 中間申告と納税

中間申告は直前の課税期間の確定消費税額（注）に応じて、次のようになります。

直前の課税期間の確定消費税額	48万円以下	48万円超～400万円以下	400万円超～4,800万円以下	4,800万円超
中間申告の回数	中間申告不要	年1回	年3回	年11回
中間申告提出・納付期限		各中間申告の対象となる課税期間の末日の翌日から2月以内		【図1】のとおり
中間納付税額		直前の課税期間の確定消費税額（注）の1/2	直前の課税期間の確定消費税額（注）の1/4	直前の課税期間の確定消費税額（注）の1/12
1年の合計申告回数	確定申告1回	確定申告1回	確定申告1回	確定申告1回
		中間申告1回	中間申告3回	中間申告11回

【図1】年11回の中間申告の申告・納付期限は、以下のとおりになります。

個人事業者	法人
1月～3月分 → 5月末日	その課税期間開始後の1月分 → その課税期間開始の日から2月を経過した日から2月以内

| 4月～11月分　→　中間申告対象期間の末日の翌日から2月以内 | 上記1月分以降の10月分　→　中間申告対象期間の末日の翌日から2月以内 |

（注）「確定消費税額」とは、中間申告対象期間の末日までに確定した消費税の年税額をいいます（地方消費税は含みません）。

（5） 仮決算に基づいて申告・納付する場合

　上記（4）に代えて、「中間申告対象期間」を一課税期間とみなして仮決算を行い、それに基づいて納付すべき消費税額及び地方消費税額を計算することもできます。

　なお、この場合、計算した税額がマイナスとなっても還付を受けることはできません。

　また、仮決算を行う場合にも、簡易課税制度の適用があります。

（6） 確定申告による中間納付税額の調整

　中間申告による納付税額がある場合には、確定申告の際にその納付税額が控除され、控除しきれない場合には還付されます。

コラム　免税事業者又は簡易課税制度選択事業者における消費税等の還付

　商品を仕入れたり、サービスの提供を受けたりして支払った対価には消費税等が含まれています。この仕入代金の額に含まれている消費税等の額は、売上げに対する消費税等の額から控除することができます。

　この場合、控除しきれない部分があるときは、確定申告により還付されます。

　ところで、その仕入代金に含まれている消費税等の還付を受けるための申告書を提出できるのは、課税事業者又は課税事業者となることを選択した事業者に限られますから、免税事業者は仕入代金に含まれている消費税等の還付を受けることはできません。

　そのため、課税期間の開始の日の前日までに「消費税課税事業者選択届出書」を所轄税務署に提出すれば、課税事業者となって消費税等の還付を受けることができる可能性があります。

　また、簡易課税制度を選択している事業者は、実際の課税仕入れ等の税額を計算することなく、仕入控除税額を課税売上高に対する税額の一定割合（50%～90%）で求めることとされています。そのため、控除しきれない部分が生じないこととなるため消費税等の還付を受けることはできません。

　そこで、簡易課税制度を選択している場合には、選択をとりやめようとする課税期間の開始の日の前日までに「消費税簡易課税制度選択不適用届出書」を所轄税務署に提出すれば、一般課税に戻り消費税等の還付を受けることができる可能性があります。

　過去において消費税簡易課税制度を選択した事業者は、「消費税簡易課税制度選択不適用届出書」を提出しない限り、選択届出書の効力はそのまま存続します。したがって、課

税事業者で、現在、基準期間の課税売上高が5,000万円を超えていて一般課税の適用を受けている事業者でも、将来再び基準期間の課税売上高が5,000万円以下となった課税期間については、自動的に簡易課税制度の適用を受けることとなります。また、免税事業者が「消費税課税事業者選択届出書」を提出して課税事業者となる場合でも、従前に簡易課税制度を選択している場合には簡易課税の選択の効果は継続しています。そのため、課税事業者を選択した課税期間に多額の設備投資があるときは、一般課税であれば消費税の還付を受けることができたにもかかわらず、簡易課税の適用で消費税の還付を受けられず、逆の納税になってしまう場合もありますので、注意が必要です。

「消費税簡易課税制度選択届出書」又は「消費税簡易課税制度選択不適用届出書」の提出は、設備投資計画や事業計画なども踏まえて検討する必要があります。

XV 消費税の各種届出書と提出期限等

(1) 消費税の各種届出書と提出期限等

事業者は、消費税法に定められている各種の届出等の要件に該当する事実が発生した場合には、納税地の所轄税務署長に対して、各種の届出書等を提出しなければなりません。

届出を要することとされているもののうち各種届出書と提出期限等は、次のとおりです。

届出書名	届出が必要な場合	提出期限等
消費税課税事業者届出書	基準期間における課税売上高が1,000万円超(注1)となったとき	事由が生じた場合速やかに
消費税の納税義務者でなくなった旨の届出書	基準期間における課税売上高が1,000万円以下となったとき	事由が生じた場合速やかに
消費税簡易課税制度選択届出書	簡易課税制度を選択しようとするとき(注2)	選択しようとする課税期間の初日の前日まで(注6)(注7)(注9)
消費税簡易課税制度選択不適用届出書	簡易課税制度の選択をやめようとするとき(注3)	選択をやめようとする課税期間の初日の前日まで(注6)(注9)
消費税課税事業者選択届出書	免税事業者が課税事業者になることを選択しようとするとき	選択しようとする課税期間の初日の前日まで(注6)(注7)(注9)
消費税課税事業者選択不適用届出書	課税事業者を選択していた事業者が免税事業者に戻ろうとするとき(注4)	選択をやめようとする課税期間の初日の前日まで(注6)(注9)

消費税課税期間特例選択・変更届出書	課税期間の短縮を選択又は変更しようとするとき	短縮又は変更に係る期間の初日の前日まで(注6)(注8)
消費税課税期間特例選択不適用届出書	課税期間の短縮の適用をやめようとするとき(注5)	選択をやめようとする課税期間の初日の前日まで(注6)
消費税の新設法人に該当する旨の届出書	基準期間がない事業年度の開始の日における資本金の額又は出資の金額が1,000万円以上であるとき	事由が生じた場合速やかに ただし、所要の事項を記載した法人設立届出書の提出があった場合は提出不要

(注1) 特定期間の課税売上高が1,000万円超となった場合、届出が必要となります。また、免税事業者である相続人が相続により課税事業者である被相続人の事業を承継した場合には、納税義務は免除されませんので、「消費税課税事業者届出書」に「相続・合併・分割等があったことにより課税事業者となる場合の付表」を添付して、相続人の納税地の所轄税務署長にすみやかに提出しなければなりません。

(注2) 平成22年4月1日以後に「消費税課税事業者選択届出書」を提出して課税事業者となっている場合又は新設法人に該当する場合は、一定期間「消費税簡易課税制度選択届出書」を提出できない場合があります。

(注3) 消費税簡易課税制度選択届出書を提出した場合には、原則として、適用を開始した課税期間の初日から2年を経過する日の属する課税期間の初日以後でなければ、適用をやめようとする旨の届出書を提出することができません。

　　　ただし、災害その他やむを得ない事由が生じたことにより被害を受けた事業者が、その被害を受けたことにより、簡易課税制度を選択する必要がなくなった場合には、所轄税務署長の承認を受けることにより、災害等の生じた日の属する課税期間等から簡易課税制度の適用をやめることができます。

(注4) 消費税課税事業者選択届出書を提出した場合には、原則として、適用を開始した課税期間の初日から2年（一定の要件に該当する場合には3年。）を経過する日の属する課税期間の初日以後でなければ、適用をやめようとする旨の届出書を提出することができません。

(注5) 消費税課税期間特例選択届出書を提出した場合には、原則として、適用を開始した課税期間の初日から2年を経過する日の属する課税期間の初日以後でなければ、適用をやめようとする旨の届出書を提出することができません。

(注6) 提出期限等が課税期間の初日の前日までとされている届出書については、該当日が日曜日等の国民の休日に当たる場合であっても、その日までに提出がなければそれぞれの規定の適用を受けることができません。

　　　ただし、これらの届出書が郵便又は信書便により提出された場合には、その郵便物又は信書便物の通信日付印により表示された日に提出されたものとみなされます。

(注7) 事業を開始した日の属する課税期間から消費税簡易課税制度選択届出書又は消費税課税事業者選択届出書に係る制度を選択する場合には、これらの届出書をその事業を開始した日の属する課税期間の終了の日までに提出すれば、その課税期間から選択することができます。

(注8) 事業を開始した日の属する課税期間から、課税期間の短縮の特例制度を選択する場合には、消費税課税期間特例選択届出書をその事業を開始した日の属する課税期間の末日までに提出すれば、その期間から選択できます。

(注9) やむを得ない事情があるため、適用を受けようとする課税期間の初日の前日までに提出できなかった場合には、提出できなかった事情などを記載した申請書を、やむを得ない事情がやんだ日から2か月以内に所轄税務署長に提出し、承認を受けることにより、その課税期間の初日の前日にこれらの届出書を提出したものとみなされます。

（2）相続があった場合の消費税課税事業者選択届出書の効果等

相続があった場合の消費税課税事業者選択届出書の提出効果等は以下のとおりです。

① 被相続人が提出した消費税課税事業者選択届出書の効力は、相続により当該被相続人の事業を承継した相続人には及びませんので、当該相続人がこの規定の適用を受けようとするときは、新たに消費税課税事業者選択届出書を提出しなければなりません。

② 事業を営んでいない相続人が相続により被相続人の事業を承継した場合、又は個人事業者である相続人が相続によりこの規定の適用を受けていた被相続人の事業を承継した場合において、当該相続人が相続があった日の属する課税期間中に消費税課税事業者選択届出書を提出したときは、当該課税期間は課税期間に該当します。

＊「消費税課税期間特例選択・変更届出書」についても、上記に準じて取扱われます。

また、個人事業者である相続人が相続により簡易課税制度の規定の適用を受けていた被相続人の事業を承継した場合で、相続人が、その相続のあった年から簡易課税制度の適用を受けようとする場合には、「消費税簡易課税制度選択届出書」を相続開始日の属する課税期間の末日までに提出することができます。

「消費税課税事業者選択届出書」の提出期限一覧

相続人の区分	被相続人の届出	届出書の提出期限
事業を承継して新たに事業を開始する相続人		相続開始日の属する課税期間の末日
個人事業者である相続人（免税事業者）	届出書を提出済	相続開始日の属する課税期間の末日
	届出書を未提出	相続開始日の属する課税期間は選択不可

＊課税期間の特例選択をしていない場合の課税期間の末日は、12月31日となります。

「消費税課税期間特例選択・変更届出書」の提出期限一覧

相続人の区分	被相続人の届出	届出書の提出期限
事業を承継して新たに事業を開始する相続人		相続開始日の属する期間の末日
個人事業者である相続人	届出書を提出済	相続開始日の属する期間の末日
	届出書を未提出	相続開始日の属する期間は選択不可

＊期間の末日は、3か月の期間特例を選択している場合には、相続開始日によって3月31日、6月30日、9月30日又は12月31日のいずれかになります。また、1か月の期間特例を選択している場合には、相続開始日の属する月の末日となります。

「消費税簡易課税制度選択届出書」の提出期限一覧

相続人の区分	被相続人の届出	届出書の提出期限
事業を承継して新たに事業を開始する相続人		相続開始日の属する課税期間の末日
個人事業者である相続人（免税事業者）	届出書を提出済	相続開始日の属する課税期間の末日
	届出書を未提出	
個人事業者である相続人（課税事業者）		相続開始日の属する課税期間は選択不可

＊課税期間の特例選択をしていない場合の課税期間の末日は、12月31日となります。

　なお、課税事業者としての適用を受けようとする事業者がやむを得ない事情があるため消費税課税事業者選択届出書を課税期間の初日の前日までに提出できなかった場合において、納税地の所轄税務署長の承認を受けたときは、当該事業者は消費税課税事業者選択届出書を当該適用を受けようとする課税期間の初日の前日までに提出したものとみなすこととしています。やむを得ない事情の範囲には、その課税期間の末日前おおむね1か月以内に相続があったことにより、当該相続に係る相続人が新たに消費税課税事業者選択届出書を提出できる個人事業者となった場合などが規定されています。この場合には、その課税期間の末日にやむを得ない事情がやんだものとして取り扱うこととし、その課税期間の末日から2か月以内に「消費税課税事業者選択（不適用）届出に係る特例承認申請書」を提出すれば承認されることになっています。

　しかし、この申請書を提出し、免税事業者に戻ろうとした場合であっても、特定期間（個人事業者の場合はその年の前年の1月1日から6月30日までの期間）における課税売上高が1,000万円を超え、かつ、当該期間の給与等の金額の合計額が1,000万円を超えた場合は、課税事業者となります。

＜消費税課税事業者選択届出書の提出期限の特例＞
① 平成24年11月10日死亡→平成24年12月31日（原則による提出期限）
② 平成24年12月10日死亡→平成25年2月28日（特例の適用による提出期限）
※ 「消費税簡易課税制度選択（不適用）届出に係る特例承認申請書」についても上記と同様の規定の適用があります。

設例

　父は所有している遊休地に貸ビルを建築途中に死亡しました。父は生前「消費税課税事業者選択届出書」を提出し、本年から課税事業者となっていました。相続人は長男で

ある私（会社員）1人であり父の事業を承継することになりました。

(1) 被相続人　父（平成24年12月10日死亡）

(2) 建築中の貸ビルの概要

　① 竣工予定　平成24年12月25日

　② 建築総額　3億円（別途消費税）

　③ 想定家賃　300万円／月（別途消費税）

(3) 父のその他の賃貸収入

　駐車場収入　50万円／月（別途消費税）

(4) 父の基準期間（平成22年）の課税売上高　600万円

(5) 「消費税課税事業者選択（不適用）届出に係る特例承認申請書」の提出有無による長男に係る消費税の取扱いの差異

　① 提出しなかった場合

　　免税事業者となり消費税等についての納税義務及び還付を受ける権利もありません。

　② 平成25年2月28日までに提出した場合

　　課税売上高　50万円×3か月＋300万円＝450万円

　　課税売上高に係る消費税額　450万円×4％＝18万円

　　仕入税額　3億円×4％＝1,200万円

　　還付税額

　　　消費税　　　18万円－1,200万円＝△1,182万円

　　　地方消費税　△1,182万円×25％＝△295.5万円

　　　合　計　　　　　　　　　　　1,477.5万円（還付）

※ 課税事業者を選択した場合、翌年（25年）も課税事業者となり消費税及び地方消費税の納税義務が生じます。

※ 計算を簡便にするため建物以外の課税仕入れについては考慮していません。

コラム　消費税の届出書の提出日

　消費税の各種届出書の提出期限は「課税期間の初日の前日まで」とされるものが少なくありません。ところで、国税通則法第10条第2項では、「国税に関する法律に定める申告、申請、請求、届出その他書類の提出、通知、納付又は徴収に関する期限が日曜日、国民の祝日に関する法律に規定する休日その他一般の休日又は政令で定める日に当たるときは、これらの日の翌日をもってその期限とみなす。」とされています。

　しかし、消費税の届出書のうち、①消費税課税事業者選択届出書、②消費税課税事業者

選択不適用届出書、③消費税簡易課税制度選択届出書、④消費税簡易課税制度選択不適用届出書、⑤消費税課税期間特例選択・変更届出書、⑥消費税課税期間特例選択不適用届出書については、消費税法上「提出した日の属する課税期間の翌課税期間以後の課税期間」から適用される旨の規定になっています。このため、これらの届出書については、国税通則法第10条第2項の規定の適用はないものとして取り扱われます。

例えば、課税期間の末日が3月31日で日曜日であった場合、申告納付期限は翌日の4月1日となりますが、上記の①～⑥の届出書は、3月31日までに提出しなければ4月1日からの課税期間について適用されません。そのため、3月31日前の日までに税務署に届出書を持参するか、郵便で提出する場合には、3月31日の消印があれば3月31日までに提出したこととされます。

なお、郵便以外の方法、例えば運送業者が行っているメール便などによる提出の場合には、受付日によることなく、税務署に到着した日に提出があったものとされますので、注意が必要です。

消費税の手続に関する主な書類の提出時期の一覧

書　類　名	提出時期 発信主義	提出時期 到達主義
①消費税の確定申告書	○	
②消費税課税事業者選択届出書	○	
③消費税課税事業者選択不適用届出書	○	
④消費税課税事業者届出書		○
⑤消費税簡易課税制度選択届出書	○	
⑥消費税簡易課税制度選択不適用届出書	○	
⑦消費税課税期間特例選択・変更届出書	○	
⑧消費税課税期間特例選択不適用届出書	○	
⑨消費税課税売上割合に準ずる割合の適用承認申請書		○

（注）提出時期について具体的な制約が定められていない書類は、発信主義を適用したとしても、地理的間隔の差異に基づく不公平の是正や納税者の利便の向上などに直ちに資するものではないことから、④と⑨の書類については、原則どおり到達主義が適用されます。

④については、提出時期について、「速やかに」に提出することと規定されているものの、具体的な提出期限の定めがない書類

⑨については、具体的な提出期限の定めがなく、「承認を受けようとする者は、・・・に提出しなければならない」などのように一定の行為をしようとする者に対し提出を義務付けている書類

XVI 記帳要件と証憑書の保存義務

　消費税法が創設される以前には、悪質な事業者においては、税務調査で帳簿や証憑書類を廃棄（又は隠匿）したりして、課税庁が推計課税すると裁判等で争うというような戦術を使った事例もありました。

　しかし、消費税法が創設され、さらに平成9年4月施行の消費税法から、仕入税額控除の要件が強化されたことからそのような悪質な対応は影を潜めました。

　これは、一般課税方式では、①帳簿の記載と、②帳簿及びその取引に係る請求書等（請求書・領収書・納品書その他の取引の事実を証する書類）の保存を条件として仕入税額控除を行うことが認められています。つまり、課税仕入れを行った事実があったとしても、その取引についての帳簿に一定事項の記載と請求書等の保存がない場合には、仕入税額控除が認められず、課税売上に係る消費税等の全額を納めなくてはならないといったことも生じるということです。

　帳簿及び請求書等の保存とは、税務調査の際に帳簿や請求書等を提示することができる状態での保存をいいます。税務調査でその提示を求められたにもかかわらず、事業者がこれを拒絶して、仕入税額控除の全額が認められず、課税売上に係る消費税等の全額を納付しなければならなかった最高裁判決（平成17年3月10日）もありますので、注意が必要です。

　さらに、消費税等の申告が無申告である場合には、無申告加算税と延滞税が課されることになります。

① 記載事項

　課税事業者は、帳簿を備え付けて、これに一定の記載事項を整然と、かつ、明りょうに記録しなければなりません。なお、課税事業者（簡易課税を選択した事業者を除きます。）が仕入税額控除を受けようとする場合には、その課税期間の仕入税額控除に係る帳簿及び請求書等を保存しなければなりません。

　帳簿は、これらの記載事項を記録したものであれば、商業帳簿でも所得税又は法人税における帳簿書類でも差し支えありません。

　イ　帳簿に記載する事項は次のとおりです。

該当事項	帳簿記載事項
資産の譲渡等に関する事項	イ　資産の譲渡等の相手方の氏名又は名称
	ロ　資産の譲渡等を行った年月日
	ハ　資産の譲渡等に係る資産又は役務の内容
	ニ　資産の譲渡等の対価の額（税込み）
資産の譲渡等に係る対価（以下「売上対価」といいます。）の返還等に関する事項	イ　売上対価の返還等を受けた者の氏名又は名称
	ロ　売上対価の返還等をした年月日
	ハ　売上対価の返還等の内容
	ニ　売上対価の返還等をした金額
課税仕入れに関する事項	イ　課税仕入れの相手方の氏名又は名称
	ロ　課税仕入れを行った年月日
	ハ　課税仕入れに係る資産又は役務の内容
	ニ　課税仕入れに係る支払対価の額
仕入れに係る対価（以下「仕入対価」といいます。）の返還等に関する事項	イ　仕入対価の返還等をした者の氏名又は名称
	ロ　仕入対価の返還等を受けた年月日
	ハ　仕入対価の返還等の内容
	ニ　仕入対価の返還等を受けた金額
貸倒れに関する事項	イ　貸倒れの相手方の氏名又は名称
	ロ　貸倒れがあった年月日
	ハ　貸倒れに係る課税資産の譲渡等に係る資産又は役務の内容
	ニ　貸倒れにより領収することができなくなった金額

　　ロ　請求書等への記載事項は以下のとおりです。

請求書等の種類	請求書等への記載事項
取引の相手方から交付を受ける、請求書、納品書等(注1)	①書類作成者の氏名又は名称、②取引年月日、③取引内容、④取引金額（税込み）、⑤書類の交付を受ける事業者の氏名又は名称
仕入を行った事業者が自ら作成する仕入明細書、仕入計算書等(注2)	①書類作成者の氏名又は名称、②相手方の氏名又は名称、③取引年月日、④取引内容、⑤取引金額（税込み）

（注1）　小売業、飲食店業、写真業、旅行業等を営む事業者が交付する書類につきましては、⑤の記載を省略することができます。
（注2）　その書類に記載されている事項について、取引の相手方の確認を受けたものに限ります。

②　保存期間

　　帳簿又は請求書等の保存期間については、その閉鎖又は受領した日の属する課税期間

の末日の翌日から2か月を経過した日から7年間、事業者の納税地又はその事業に係る事務所等に保存しなければなりません。ただし、5年を経過すると帳簿又は請求書等のいずれかを保存すればよいこととなっています。

> **コラム　消費税等と印紙税**
>
> 　建築工事などの請負契約書や、商品などの販売代金を受取ったときに作成する売上代金の受取書などは、その文書の記載金額に応じて印紙税が課税されます。
> 　この「記載金額」は、消費税額等を含んだ金額とされますが、次の文書については、消費税額等を区分して記載している場合、又は、税込価格及び税抜価格が記載されていることにより、その取引に当たって課される消費税額等が明らかである場合には、記載金額に消費税額等を含めないこととしています。
> （1）不動産の譲渡等に関する契約書
> （2）請負に関する契約書
> （3）金銭又は有価証券の受取書
> 　「消費税額等を区分して記載している」とは、例えば、以下のような記載方法をいいます。
> ①　請負金額　1,050万円（税抜価格　1,000万円　消費税額等　50万円）
> ②　請負金額　1,050万円（うち消費税等　50万円）
> ③　請負金額　1,000万円　消費税額等　50万円　合計　1,050万円

> **コラム　修正申告書の提出又は更正処分を受けた場合**
>
> 　消費税の課税売上割合が100%として消費税の還付申告を行ったケースで、仮に、課税売上割合が5%と判定され、更正処分を受けた場合には、単に還付される消費税が減少するだけではありません。
> 　還付請求申告書に記載した税額と実際の還付税額との差額に対して加算税が課されます。
> 　加算税は、還付請求申告書に記載した金額が過大で修正申告又は更正する場合、加算税が課されることとされています。過少申告加算税は、増差税額に対して税率10%とされていますが、期限内申告税額相当額又は50万円のいずれか多い金額を超える部分の税額は15%（重加算税であれば35%）となります。

第2章 近年における消費税の改正の概要

この章では、平成22年度税制改正、平成23年度税制改正及び平成24年度社会保障・税一体改革における税制改正について解説しています。
経過措置の概要とマイホーム取得に伴う諸費用のうち消費税の課されるものや譲渡に伴う消費税の課税関係についても言及しています。

I 平成22年度税制改正

1　平成22年度税制改正の主な内容
（1）事業者免税点制度の適用の見直し

　次の期間（簡易課税制度の適用を受ける課税期間を除きます。）中に、調整対象固定資産を取得した場合には、<u>当該取得があった課税期間を含む3年間は、引き続き事業者免税点制度を適用しないこと</u>となりました。

① 課税事業者を選択することにより、事業者免税点制度の適用を受けないこととした事業者の当該選択の<u>強制適用期間（2年間）</u>

② 資本金1,000万円以上の新設法人につき、事業者免税点制度を適用しないこととされる<u>設立当初の期間（2年間）</u>

（注）調整対象固定資産とは棚卸資産以外の資産で100万円（税抜き）以上のものをいいます。

（2）簡易課税制度の適用の見直し

　（1）により、引き続き事業者免税点制度を適用しないこととされた課税期間については、<u>簡易課税制度の適用を受けられない</u>こととなりました。

（3）適用開始期間

　上記の改正は、（1）の①に該当する場合には平成22年4月1日以後に消費税課税事業者選択届出書を提出した事業者の同日以後開始する課税期間から適用し、（1）の②に該当する場合には同日以後設立された法人について適用されます。

【課税事業者を選択し、翌期に調整対象固定資産の課税仕入れを行った場合】

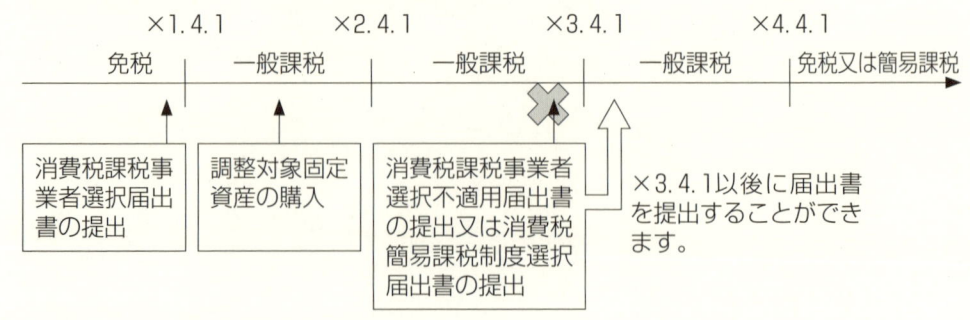

```
        ×1.4.1    ×2.4.1    ×3.4.1    ×4.4.1
          |         |         |         |
   免税  │ 一般課税 │ 一般課税 │ 一般課税 │ 免税又は簡易課税
          ↑         ↑         ✗    ↑
     消費税課税    調整対象固定    消費税課税事業者    ×3.4.1以後に届出書
     事業者選択    資産の購入     選択不適用届出書    を提出することができ
     届出書の提出              の提出又は消費税    ます。
                              簡易課税制度選択
                              届出書の提出
```

　消費税課税事業者選択届出書の提出により×1年4月1日より課税事業者となり、×1年4月1日から×2年3月31日までの間に調整対象固定資産を取得した場合は、×3

年4月1日以後でなければ消費税課税事業者選択不適用届出書又は消費税簡易課税制度選択届出書を提出することができません。

つまり、×3年4月1日から×4年3月31日までの課税期間は課税事業者として一般課税により消費税の計算をする必要があります。

【課税事業者を選択し、翌々期に調整対象固定資産の課税仕入れを行った場合】

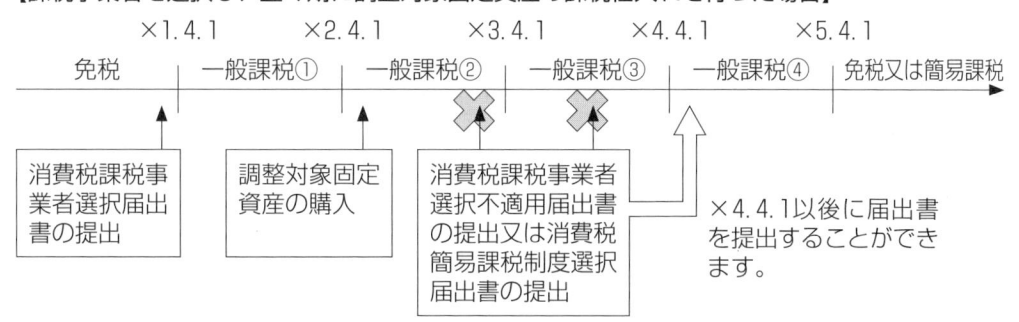

```
           ×1.4.1   ×2.4.1   ×3.4.1   ×4.4.1   ×5.4.1
  免税    一般課税①  一般課税②  一般課税③  一般課税④  免税又は簡易課税
   ↑        ↑         ✕         ✕         ↑
消費税課税事  調整対象固  消費税課税事業者              ×4.4.1以後に届出書
業者選択届出  定資産の購  選択不適用届出書              を提出することができ
書の提出     入        の提出又は消費税              ます。
                      簡易課税制度選択
                      届出書の提出
```

消費税課税事業者選択届出書の提出により×1年4月1日より課税事業者となり、×2年4月1日から×3年3月31日までの間に調整対象固定資産を取得した場合は、×4年4月1日以後出なければ消費税課税事業者選択不適用届出書又は消費税簡易課税制度選択届出書を提出することができません。

つまり、×3年4月1日から×4年3月31日までの課税期間、×4年4月1日から×5年3月31日までの課税期間は課税事業者として一般課税により消費税の計算をする必要があります。

2　税制改正の影響

消費税課税事業者選択届出書の提出により課税事業者となることにより、賃貸マンション等の取得（建設を含む）に係る消費税額の還付を受けているケースに規制が入りました。

（1）賃貸マンション等の取得（建設を含む）に係る消費税の還付の考え方

消費税は、消費者から預かった消費税から仕入れに関し支払った消費税を差し引いて納付すべき消費税を計算します（以下「仕入税額控除制度」といいます。）。マンションを取得・建設した場合、原則として売上げに係る消費税よりも仕入れに係る消費税の方が多いときには、その差額の還付を受けることができます。

しかし、その仕入れに係る消費税（以下「仕入控除税額」といいます。）の計算上、仕入れに係る消費税がすべて控除することができるとは限りません。消費税は全体の売

上高のうちに課税売上高の占める割合（以下「課税売上割合」といいます。）に応じ、次の態様別に仕入控除税額の控除方法が異なるためです。

【仕入控除税額の控除方法】

課税売上割合	控除方法	
95％以上	全額控除	
95％未満	選択	個別対応方式
		一括比例配分方式

【個別対応方式】

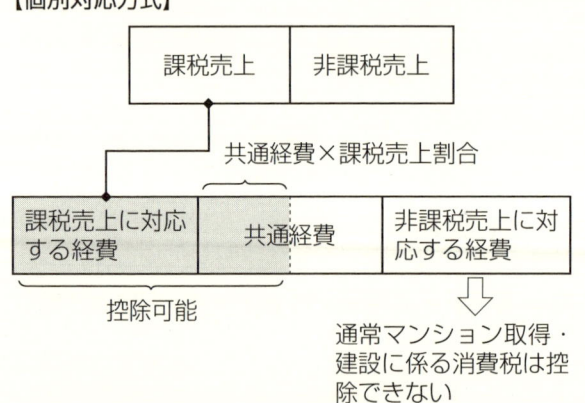

個別対応方式は、課税仕入れ等について、①課税資産の譲渡等にのみ要するもの、②非課税資産の譲渡等にのみ要するもの、③これらに共通して要するものに区分し、これらの区分に応じて仕入控除税額を計算する方法です。

【一括比例配分方式（賃貸マンションに係る消費税の還付を受けるケース）】

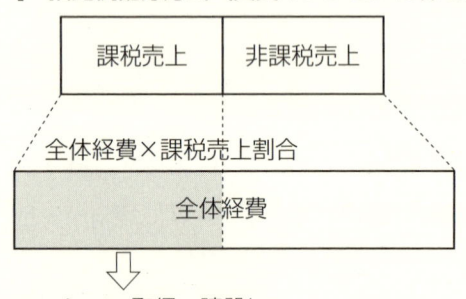

一括比例配分方式は、個別対応方式のように、課税仕入れがどの区分に該当するかに関わらず、すべての課税仕入れに係る消費税額に課税売上割合を乗じて仕入控除税額を計算する方法です。

　一括比例配分方式を選択した場合、賃貸マンションの取得・建設に係る消費税については、課税売上割合が95％以上（全額控除）であるか、又は課税売上割合が95％未満（一部控除）であっても、仕入控除税額が生じます。
　ただし、個別対応方式を選択した場合には、マンション取得・建設コストは非課税売上にのみ要するものであるため、仕入控除税額の計算対象になりません。（全く控除できないということです。）

これに対して、一括比例配分方式を採用した場合の仕入控除税額の計算は、すべての課税仕入れ（マンション取得・建設コストを含む。）に係る消費税額に課税売上割合を乗じることから、課税売上割合の大小により仕入控除税額の大小が決まります。課税売上割合は全体の売上高のうち課税売上高の占める割合のことをいいますので、計算しようとする課税期間内に課税売上の比率が高ければ、課税売上割合は高くなり、還付額も大きくなります。

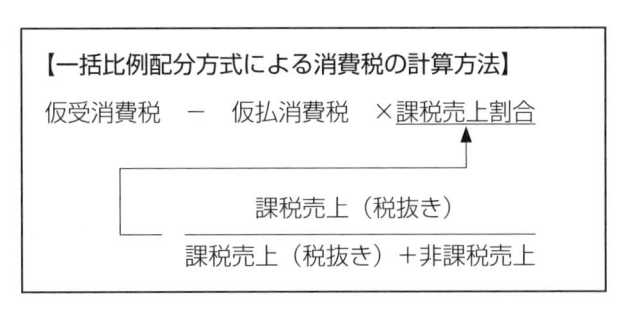

【一括比例配分方式による消費税の計算方法】

$$仮受消費税 - 仮払消費税 \times 課税売上割合$$

$$課税売上割合 = \frac{課税売上（税抜き）}{課税売上（税抜き）＋非課税売上}$$

＜例＞仮受消費税10万円・仮払消費税が500万円の課税期間

① 課税売上割合が10%である場合

　仮受消費税10万円－仮払消費税500万円×10%＝▲40万円

② 課税売上割合が50%である場合

　仮受消費税10万円－仮払消費税500万円×50%＝▲240万円

（2）調整対象固定資産に係る仕入れ税額の調整

　課税仕入れに係る消費税額は、棚卸資産、固定資産を問わず課税仕入れ等を行った日の属する課税期間において、即時一括控除することが原則となっています。しかし、固定資産等のように長期間にわたって使用されるものについては、課税仕入れを行ったときの状況のみで税額控除を完結させてしまうことは、その後の資産の使用形態の変更（転用）やその後の課税売上割合の著しい変動を考慮すると必ずしも適切な方法であるとはいえません。そこで、消費税法では、一定の固定資産について、3年という期間に限り、一定の方法により仕入れに係る消費税額を調整することとしています。これを調整対象固定資産に係る仕入れ税額の調整といいます。調整対象固定資産とは、棚卸資産以外の資産で税抜きの当該資産の課税標準である金額が100万円以上のものをいいます。

　課税事業者が取得した調整対象固定資産に係る課税仕入れ等の税額につき、一括比例配分方式及び個別対応方式の共通部分の課税仕入れ等の税額のうちの控除対象仕入税額を課税売上割合による按分計算で求める方法により控除対象仕入税額を計算した場合等において、その者が、取得の日を含む課税期間の開始の日から3年を経過する日の属す

る課税期間（第3年度の課税期間）の末日において、当該固定資産を有しており、かつ、第3年度の課税期間における通算課税売上割合が、その固定資産の取得時の課税期間における課税売上割合に比して著しく変動したときは、一定の仕入税額控除を調整しなければならないというものです。

① 著しい変動の判定
　（ア）取得時の課税売上割合
　（イ）通算課税売上割合
　　　（課税仕入れ等のあった課税期間から第3年度の課税期間までの各課税期間において行った資産の譲渡等の対価の額の合計額から同期間中の譲渡等に係る対価の返還等の金額の合計額を控除した残額（いずれも税抜き金額））
　　　$\{(ア)-(イ)\} \div (ア) \geq 50\%$　かつ　$(ア)-(イ) \geq 5\%$

② 調整税額
　次の算式により計算した額を仕入れに係る消費税額から控除します。控除しきれない金額は「控除過大調整税額」として、課税売上高に係る消費税額に加算します。
　（ア）調整対象基準税額×取得時の課税売上割合
　（イ）調整対象基準税額×通算課税売上割合
　　調整税額＝（ア）－（イ）
　　※調整対象基準税額＝税抜購入価額×5％（消費税及び地方消費税の合計税率）

　以上の算式からも分かるように、この規定に該当するケースで、還付を受けた課税期間の課税売上割合が通算課税売上割合と比較して著しく減少している場合には、取得時に還付された消費税額を、「控除過大調整税額」として翌々期に納付しなければならない可能性がでてきます。

　しかし、この規定は第3年度の課税期間（平成×3年）が「免税事業者」又は「簡易課税制度選択適用者」であれば適用を受けず、調整税額615万円を仕入控除税額から控除する必要はありません。

　よって、消費税の還付を受けた後、消費税課税事業者選択不適用届出書又は消費税簡易課税制度選択届出書を提出することにより、平成×3年に調整対象固定資産の著しい変動の適用を回避し、賃貸マンション等の取得に係る消費税額の還付を受けるスキームが行われていました。

　このように、賃貸マンション等の取得・建築に係る消費税額が仕入控除税額に算入され還付がされているのに、その後の課税売上割合の著しい減少にもかかわらず、免税事業者となることにより又は簡易課税制度の適用を受けることで消費税額の調整を免れ、

＜設例＞

```
          平成×1年      平成×2年    平成×3年
────┼──────────┼─────────┼─────────→
    │←─ 還付を受けた課税期間（3か月の期間特例の選択
    │   を受けていた）課税売上割合100％           │
    │←──────── 通算課税売上割合18％ ─────────→│
```

①著しい変動の判定＞

（100％－18％）÷100％≧50％、かつ、100％－18％≧5％

∴著しい変動に該当する

②調整税額（税抜購入価額を1.5億円と仮定する場合＞

1.5億×5％×100％－1.5億円×5％×18％＝615万円

⇒この調整税額が第3年度の課税期間（平成×3年）の仕入控除税額から控除されます。

調整税額に相当する額が国に納付されていない事態は、消費税額の調整を含む仕入税額控除制度が有効に機能しておらず、賃貸マンション等の取得・建築に係る消費税額を仕入税額控除していない事業者や消費税額の調整を行っている事業者との間で公平性が著しく損なわれているとされ、平成22年度に制度改正が行われました。

3　適用期間の留意点

以上の改正は、平成22年4月1日以後に消費税課税事業者選択届出書を提出する事業者や同日以後設立された資本金1,000万円以上の新設法人が取得する賃貸マンション等の建物に係る消費税について適用することとされていることから、賃貸マンション等の完成・取得時期に関係なく、以下のような場合には、従前どおりの適用となります。

① 平成22年4月1日以後に課税事業者を選択した事業者で、選択した日から2年を経過した日後に開始する課税期間に賃貸マンション等の完成・取得をした場合

② 平成22年4月1日以後に資本金1,000万円以上の新設法人を設立し、設立以後2年を経過した日後に開始する課税期間に賃貸マンション等の完成・取得をした場合

③ 課税事業者を選択することなく基準期間の課税売上高が1,000万円を超え課税事業者と判定される事業者が、その課税期間中に賃貸マンション等の完成・取得をした場合

【平成22年度税制改正による規制】

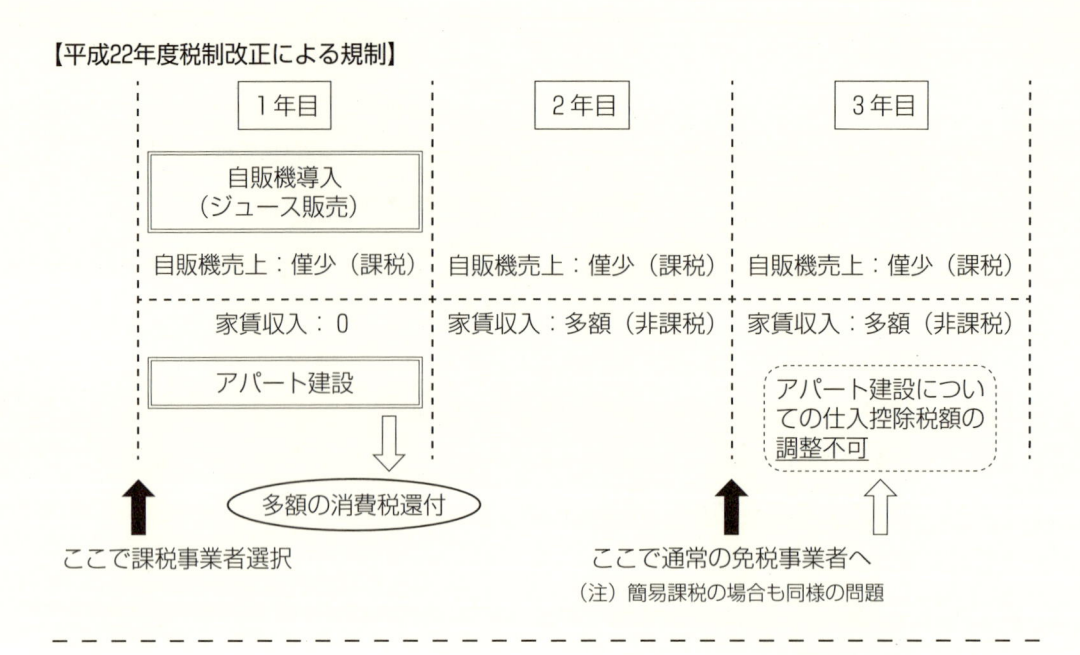

1年目	2年目	3年目
自販機導入（ジュース販売）		
自販機売上：僅少（課税）	自販機売上：僅少（課税）	自販機売上：僅少（課税）
家賃収入：0	家賃収入：多額（非課税）	家賃収入：多額（非課税）
アパート建設		アパート建設についての仕入控除税額の調整不可
⇩ 多額の消費税還付		
↑ ここで課税事業者選択		↑ ここで通常の免税事業者へ （注）簡易課税の場合も同様の問題

【改正後】

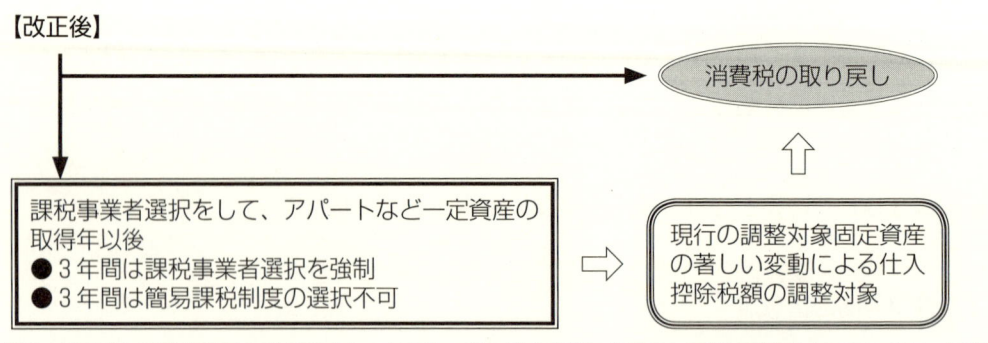

課税事業者選択をして、アパートなど一定資産の取得年以後
● 3年間は課税事業者選択を強制
● 3年間は簡易課税制度の選択不可

⇒ 現行の調整対象固定資産の著しい変動による仕入控除税額の調整対象

⇒ 消費税の取り戻し

（注）資本金1,000万円以上の新設法人についても、設立後2年間は自動的に課税事業者となることから、同様の取り扱いが行われます。

（出典：内閣府税制調査会資料一部変更）

II 平成23年度税制改正

1 事業者免税点制度の見直し

（1） 次に掲げる課税売上高が1,000万円を超える事業者については、事業者免税点制度を適用しないこととなりました。

① 個人事業者のその年に係る特定期間における課税売上高

② 法人のその事業年度に係る特定期間における課税売上高

（注） 上記課税売上高の金額に代えて所得税法に規定する給与等の支払額の金額を用いて、1,000万円の判定をすることができます。なお、この給与等の支払額には未払いのものは含まれません。

※特定期間とは次の期間をいいます。

イ 個人事業者……その年の前年の1月1日から6月30日までの期間

ロ 法人……………その事業年度の前事業年度開始の日以後6月の期間

　　なお、その事業年度の前事業年度が短期事業年度に該当する場合は、その事業年度の前々事業年度開始の日以後6月の期間（その前々事業年度が6月以下の場合はその前々事業年度開始の日からその終了の日までの期間とし、一定の期間は除かれます。）

【設立後、決算期変更を行った場合の特定期間の考え方】

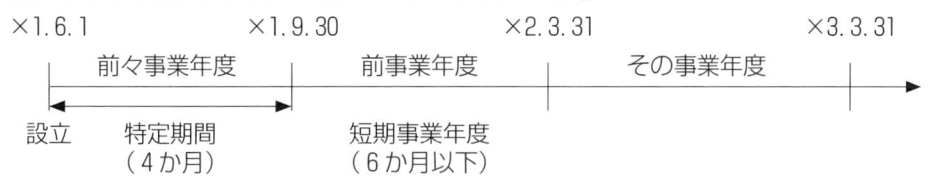

```
×1.6.1        ×1.9.30        ×2.3.31              ×3.3.31
  |───前々事業年度───|──前事業年度──|───その事業年度───|──→
  設立  特定期間        短期事業年度
       （4か月）       （6か月以下）
```

　　前事業年度が7か月以下であるため、その前事業年度は短期事業年度に該当します。この場合、前々事業年度により特定期間を判定します。その前々事業年度が6か月以下であるときは、前々事業年度開始の日からその前々事業年度終了の日までの期間が特定期間となります。

※短期事業年度とは次のいずれかに該当する事業年度をいいます。

イ その事業年度の前事業年度が7月以下であるもの

ロ その事業年度の前事業年度開始の日以後6月の期間の末日（その末日が月末でない場合には一定の日）の翌日から、その前事業年度終了の日までの期間が2月未満であるもの

（2）適用開始時期
　上記（1）の改正は、平成25年1月1日以後に開始する年又は事業年度から適用されます。

（3）税制改正の主な内容
① 個人事業者及び事業年度が1年の法人の場合

【改正前】

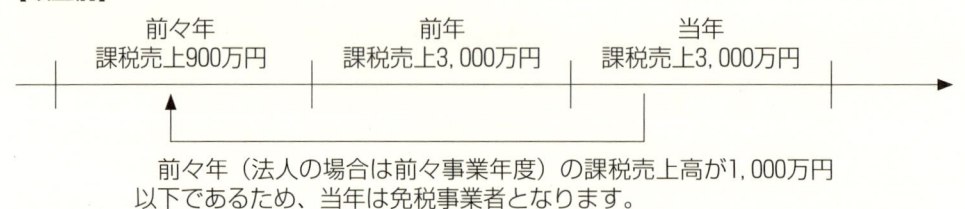

```
  前々年              前年              当年
  課税売上900万円    課税売上3,000万円   課税売上3,000万円
```

　前々年（法人の場合は前々事業年度）の課税売上高が1,000万円以下であるため、当年は免税事業者となります。

問題点：急激に課税売上が増加した場合、課税事業者になるまでタイムラグが発生することとなります。

【改正後】

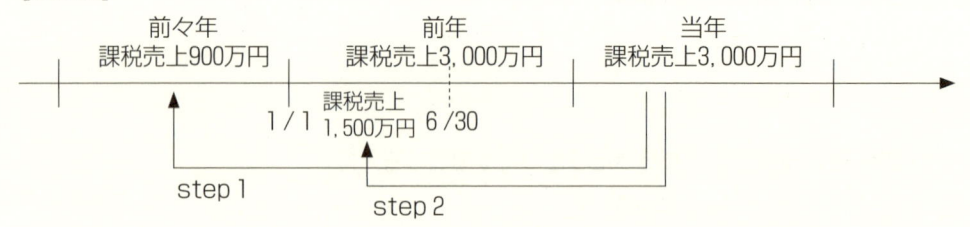

```
  前々年              前年              当年
  課税売上900万円    課税売上3,000万円   課税売上3,000万円
                    1/1  課税売上   6/30
                         1,500万円
                  step 1
                         step 2
```

Step 1
　前々年（法人の場合は前々事業年度）の課税売上高が1,000万円を超えるかどうかにより納税義務の有無を判定します。
　この場合、前々年の課税売上高が1,000万円以下であるため、Step 2により判定します。

Step 2
　Step 1において前々年（法人の場合は前々事業年度）の課税売上高が1,000万円以下の場合において、前年（法人の場合は前事業年度）の上半期の課税売上高が1,000万円を超えるときは、当年は課税事業者となります。

（注）前年（法人の場合は前事業年度）の上半期の課税売上高に代えて支給給与の額で判定することができます。

② 新たに設立された法人の場合（設立1期目が8か月以上の場合）

【改正前】

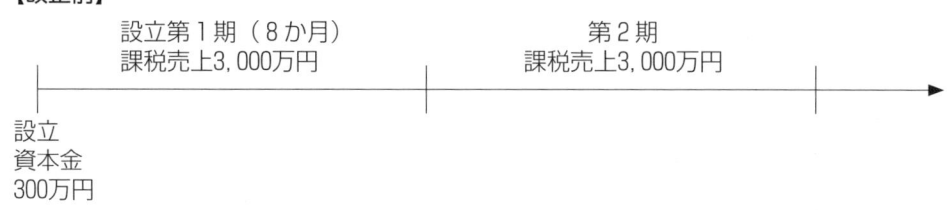

```
        設立第1期（8か月）        第2期
        課税売上3,000万円         課税売上3,000万円
  ├──────────────────┼──────────────────┼──→
設立
資本金
300万円
```

　　　　資本金が1,000万円未満であるため、第2期は免税事業者となります。

【改正後】

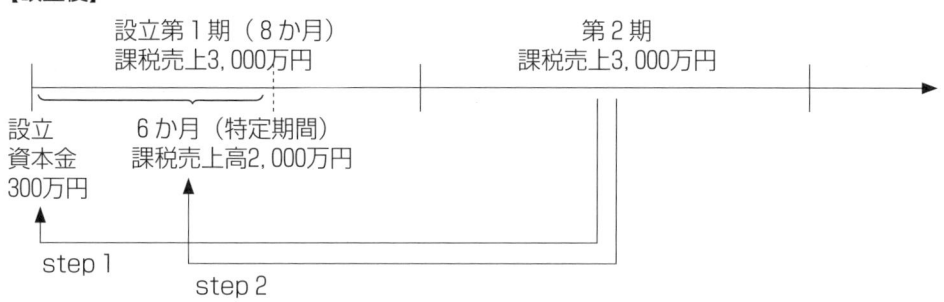

```
        設立第1期（8か月）        第2期
        課税売上3,000万円         課税売上3,000万円
  ├──────────────────┼──────────────────┼──→
設立   6か月（特定期間）
資本金  課税売上高2,000万円
300万円
        step 1
           step 2
```

Step 1
　資本金の額が1,000万円以上かどうかで納税義務の有無を判定します。
　この場合、資本金の額が1,000万円未満であるため Step 2 により判定します。

Step 2
　Step 1 において資本金の額が1,000万円未満の場合において、設立日から6か月の期間（特定期間）の課税上高が1,000万円を超えるときは、第2期は課税事業者となります。

（注）設立の日から6か月の期間（特定期間）の課税売上高に代えて支給給与の額で判定することができます。

③ 新たに設立された法人の場合（設立1期目が7か月以下の場合）

【改正前】

```
        設立第1期（7か月）        第2期
        課税売上3,000万円         課税売上3,000万円
  ├──────────────────┼──────────────────┼──→
設立
資本金
300万円
```

　　　　資本金が1,000万円未満であるため、第2期は免税事業者となります。

【改正後】

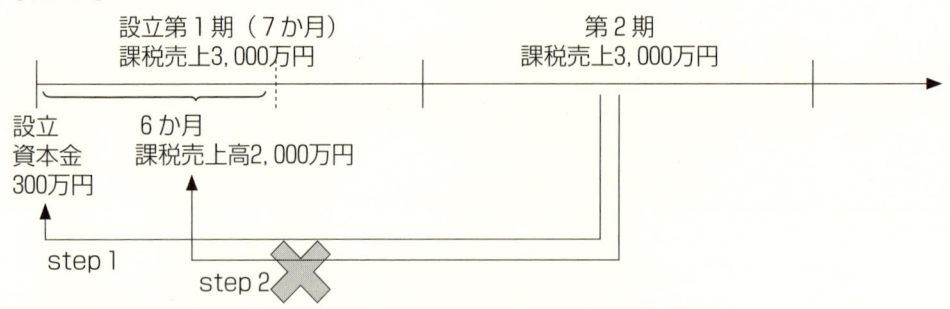

```
        設立第1期（7か月）              第2期
        課税売上3,000万円             課税売上3,000万円
設立      6か月
資本金    課税売上高2,000万円
300万円
       step 1
           step 2  ✕
```

Step 1
　資本金の額が1,000万円以上かどうかで納税義務の有無を判定します。
　この場合、資本金の額が1,000万円未満であるため Step 2 により判定します。

Step 2
　設立第1期が7か月以下の場合、設立日から6か月の期間は特定期間に該当しないため、前事業年度の課税売上高による判定の必要はありません。
　よって当期の納税義務はないこととなります。

④　新たに設立された法人の場合
（事業年度変更により前事業年度が短期事業年度に該当する場合）

　×1年5月1日に法人を設立し、当初は×1年12月31日で事業年度を区切っていました。その後、前事業年度開始の日以後6月の期間経過後に事業年度を変更したことにより、当該6月の期間の末日の翌日から前事業年度終了の日までの期間が2月未満となった場合の判定は次のようになります。

【改正前】

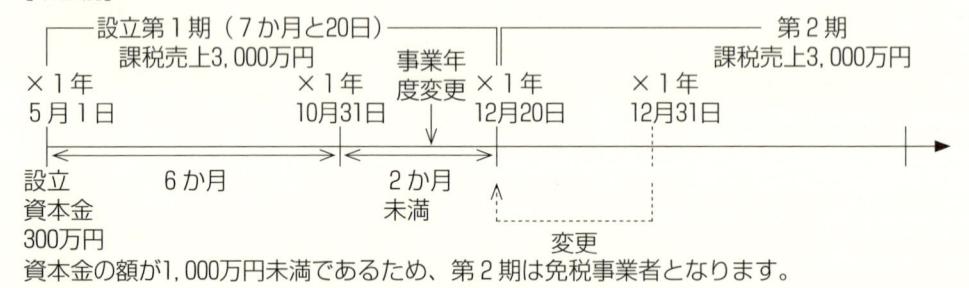

```
──設立第1期（7か月と20日）──        ──第2期──
     課税売上3,000万円    事業年            課税売上3,000万円
×1年            ×1年    度変更 ×1年   ×1年
5月1日          10月31日        12月20日 12月31日
       6か月         2か月
設立                  未満
資本金                          変更
300万円
```
資本金の額が1,000万円未満であるため、第2期は免税事業者となります。

【改正後】

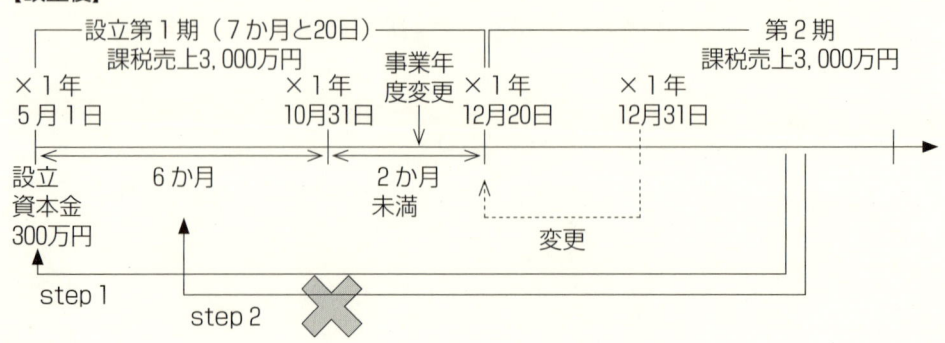

```
──設立第1期（7か月と20日）──        ──第2期──
     課税売上3,000万円    事業年            課税売上3,000万円
×1年            ×1年    度変更 ×1年   ×1年
5月1日          10月31日        12月20日 12月31日
       6か月         2か月
設立                  未満
資本金                          変更
300万円
       step 1
           step 2  ✕
```

Step 1
　資本金の額が1,000万円以上かどうかで納税義務の有無を判定します。
　この場合、資本金の額が1,000万円未満であるためStep 2により判定します。

Step 2
　設立第1期が7か月超8か月未満（×1年5月1日から×1年12月20日）の場合に該当します。
　また、決算期変更を前事業年度の開始の日以後6月の期間後（×1年10月31日後）に行っており、かつ、前事業年度開始の日以後6か月の期間の末日の翌日から前事業年度終了の日までの期間（×1年11月1日から×1年12月20日）が2か月未満であるため、前事業年度は短期事業年度に該当します。そのため前事業年度は特定期間に該当せず、前事業年度の課税売上高による判定の必要はありません。
　よって第2期の納税義務はないこととなります。

（参考：消費税課税事業者届出書の提出）
　特定期間における課税売上高（給与等の支払額で判定する場合は当該金額）が、1,000万円を超えた場合には、「消費税課税事業者届出書（特定期間用）」を提出する必要があります。なお、給与等の支払額で判定する場合において当該金額が1,000万円以下であるときは、特定期間における課税売上高が1,000万円を超えている場合でも課税事業者に該当しないため、消費税課税事業者届出書を提出する必要はありません。また、給与等の支払額により判定したか否かについても特段の届出書の提出義務はありません。

2　95％ルールの見直し

（1）95％ルールの見直し
　課税売上割合が95％以上の場合に課税仕入れ等の税額の全額を仕入税額控除できる消費税の制度については、その課税期間の課税売上高が5億円以下の事業者に限り適用することになりました。

（2）適用開始時期
　上記の改正は、平成24年4月1日以後に開始する課税期間から適用されています。

（3）税制改正の内容
　日本の消費税は、前段階税額控除方式（5ページの第1章Ⅲ参照）を採用していることから、課税売上げに係る消費税額から控除される課税仕入れ等に係る消費税は、原則として課税売上げに対応する課税仕入れである必要があります。
　ただし、このルールを厳密に運用すると、目的に応じた課税仕入れの区分が要求され、納税義務者の事務負担を圧迫する結果になります。そこで、課税売上割合が95％以上の納税義務者については、目的に応じた課税仕入れの区分は不要とし、課税仕入れの全額

を仕入税額控除することが認められています。

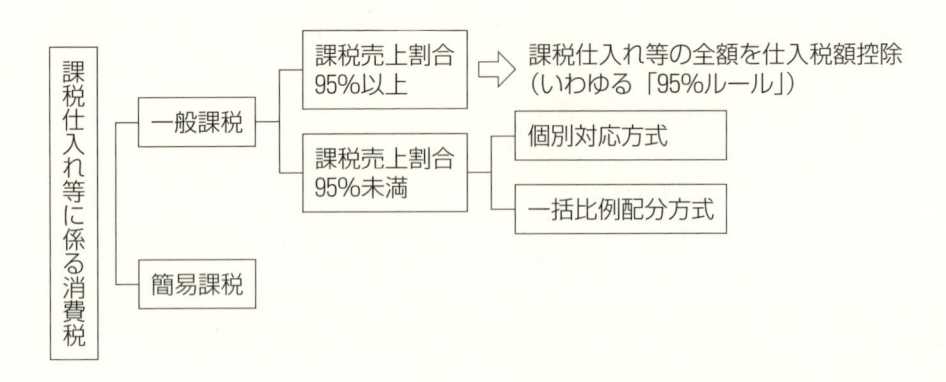

```
課税仕入れ等に係る消費税 ─┬─ 一般課税 ─┬─ 課税売上割合95％以上 ⇒ 課税仕入れ等の全額を仕入税額控除（いわゆる「95％ルール」）
                                    └─ 課税売上割合95％未満 ─┬─ 個別対応方式
                                                              └─ 一括比例配分方式
                          └─ 簡易課税
```

　95％ルールは、事業者の事務負担に配慮する観点から講じられていることから、この制度の対象者を、この課税期間の課税売上高が5億円（その課税期間が1年に満たない場合には年換算）以下の事業者に限定することになりました。

3　仕入税額控除に関する明細書添付の義務付け

（1）内容

　消費税の還付申告書（仕入税額控除額の控除不足額の記載のあるものに限ります。）を提出する事業者に対し任意に提出を依頼している「仕入税額控除に関する明細書」について、還付申告書への添付が義務付けられました。

　これは、近年、消費税の仕組みを利用し多額の不正還付金を請求する事例が発生しているため、明細書の添付が義務付けられました。

（2）適用開始時期

　上記の改正は、平成24年4月1日以後に提出する還付申告書について適用されています。

III 平成24年度税制改正（社会保障と税の一体改革）

1 消費税率の8％・10％への引上げ

（1）改正内容

① 平成26年4月1日以後に行われる課税資産の譲渡等について、8％（消費税率6.3％、地方消費税率1.7％）に引き上げられます。

② 平成27年10月1日以後に行われる課税資産の譲渡等について、10％（消費税率7.8％、地方消費税率2.2％）に引き上げられます。

（2）経過措置（不動産に関する事項）

消費税に関しては、契約の締結日が施行日前であっても、原則として、建物の完成引渡しや貸付けがされた日における税率が適用されるため、引渡しや貸付けの日が施行日以後の場合は、改正後の税率が適用されることとなります。

ただし、納税者への周知や取引の安定を図るため経過措置が設けられており、不動産取引に係る主な経過措置は次のとおりとなります。

【請負工事等に関する経過措置】

工事や製造などに係る請負については取引金額が大きく、また、契約から引渡しまでに時間がかかることから、税額へ及ぼす影響が他の取引と比較して大きくなると考えられるため、以下の経過措置が設けられることとなりました。

① 平成8年10月1日から平成25年10月1日（以下「指定日」といいます。）の前日である平成25年9月30日までの間に工事や製造などの請負契約を締結し、その契約に係る課税資産の譲渡が平成26年4月1日以後になった場合、その資産の譲渡については一部改正後の8％又は改正後の10％ではなく、改正前の5％の税率が適用されます。

　ただし、指定日以後に対価が増額された場合、改正前の税率が適用されるのは増額前の部分に限られます。

② 平成25年10月1日から平成27年4月1日（以下「27年指定日」といいます。）の前日である平成27年3月31日までの間に工事や製造などの請負契約を締結し、その契約に係る課税資産の譲渡が平成27年10月1日以後になった場合、その資産の譲渡については改正後の10％ではなく、一部改正後の8％の税率が適用されます。

　ただし、27年指定日以後に対価が増額された場合、一部改正後の税率が適用されるのは増額前の部分に限られます。

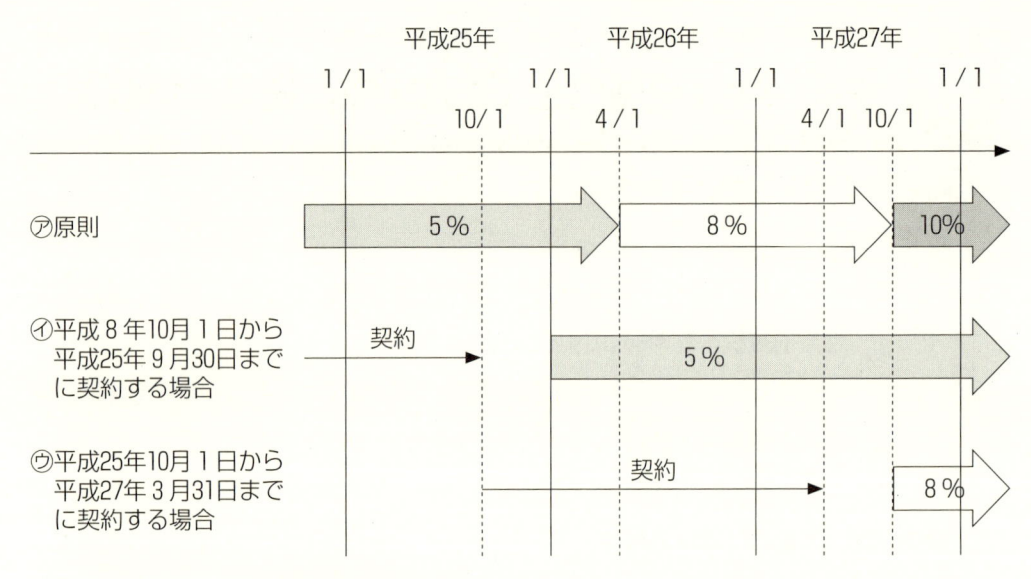

	平成25年	平成26年	平成27年
	1/1　　10/1	1/1　　4/1	1/1　　4/1 10/1　1/1

㋐原則　　　　　　　　　5%　　　　　8%　　　　10%

㋑平成8年10月1日から　　契約
　平成25年9月30日まで　　　　　　　　5%
　に契約する場合

㋒平成25年10月1日から　　　　　　契約
　平成27年3月31日まで　　　　　　　　　　　　8%
　に契約する場合

（注）　分譲住宅等に対する経過措置の適用について
　　上記の経過措置は工事の請負契約に限定されているため、原則として分譲住宅や分譲マンションの譲渡については、適用されないこととなります。よって、平成26年4月1日以後の引渡しであれば、改正後の消費税率で計算されることとなります。
　　ただし、「建物の譲渡に係る契約で、当該建物の内装若しくは外装又は設備の設置若しくは構造についての当該建物の譲渡を受ける者の注文に応じて建築される建物に係るもの」（注文住宅）や、注文者が壁の色、ドアの形状等について特別の注文を付すことができるものについては、上記経過措置が適用されることとなります。

（参考：建物の譲渡を受ける者の注文）
　例えば、次のそれぞれに掲げるものについて譲渡を受ける者の注文が付されている場合は、その注文の内容・規模及びその注文に係る対価の額の多寡を問わず、特別の注文が付されているものとされます。また、その特別の注文が建物の構造に直接影響を与えない場合も含まれる。
①　建物の内装…畳、ふすま、障子、戸、扉、壁面、床面、天井等
②　建物の外装…玄関、外壁面、屋根等
③　建物の設備…電気設備、給排水又は衛生設備及びガス設備、昇降機設備、冷房、暖房、通風又はボイラー設備等
④　建物の構造…基礎、柱、壁、はり、階段、窓、床等

《参考：マイホームの売買における消費税の取扱い》
①　マイホーム取得に伴う諸費用に係る消費税
　マイホームを取得する場合、建物部分の対価については消費税が課税される一方、土地部分の対価については非課税であるため消費税が課税されません。

この他、マイホームを取得する場合には様々な諸費用が発生します。マイホームを取得する場合に発生する一般的な諸費用の消費税の取扱いについては次のとおりとなります。

消費税がかかる取引	消費税がかからない取引
①仲介手数料 ②登記費用のうち、司法書士報酬部分 ③金融機関のローン手数料 ④土地の造成費・地盤調査費等	①印紙税 ②登録免許税 ③不動産取得税

② マイホームの譲渡に伴う消費税の取扱い

消費税は、国内において『事業者』が行った資産の譲渡等に対して課されます。（資産の譲渡等とは、『事業』として対価を得て行われる資産の譲渡及び貸付け並びに役務の提供をいいます。）

そのため、マイホームを譲渡する場合は、その譲渡者は『事業者』に該当せず、また『事業』として譲渡することにも該当しないため、消費税は課税されないこととなります。

(注) 店舗併用住宅の譲渡の場合

店舗併用住宅を譲渡した場合には、住宅部分については『国内において事業者が行った資産の譲渡等』に該当しないため消費税は課税されません。しかし、店舗部分については『国内において事業者が行った資産の譲渡等』に該当することとなり課税の対象となり消費税が課税されます。

なお、店舗部分の譲渡対価の計算は、使用面積割合等の合理的な基準により計算することとなります。

【店舗併用住宅の譲渡】

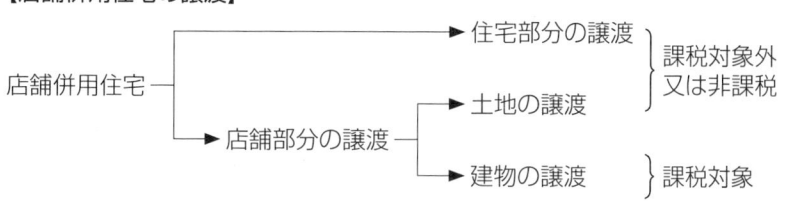

店舗併用住宅 ─┬─→ 住宅部分の譲渡 ┐
　　　　　　　│　　　　　　　　　├ 課税対象外
　　　　　　　│　　　土地の譲渡 　│ 又は非課税
　　　　　　　└→ 店舗部分の譲渡 ─┤
　　　　　　　　　　　　　　　　　└→ 建物の譲渡 ｝課税対象

【資産の貸付けに関する経過措置】

平成8年10月1日から平成25年9月30日までの間に資産の貸付けに係る契約を締結し、平成26年4月1日前から同日以後引き続きその契約に基づいて資産の貸付けを行っている場合で、契約内容が次の①及び②又は①及び③の要件に該当するときは、平成26年4月1日以後の貸付けに対しても、消費税は改正前の5％の税率が適用されます。

なお、賃貸借契約に係る家賃については要件を満たさないことが多く、主に設備のリース等が対象になると思われます。

① 貸付期間及びその期間中の対価の額が定められていること

② 事情の変更その他の理由により、対価の額の変更を求めることができる旨の定め

がないこと
　③　契約期間中にいつでも解約を申入れできる旨の定めがないこと、その他対価に関する契約内容が政令で定める要件に該当していること

2　特定新規設立法人の事業者免税点制度の不適用制度
（1）改正内容
　その事業年度の基準期間がない法人で、その事業年度開始の日における資本金の額又は出資の金額が1,000万円未満の法人（新規設立法人）のうち、次の①②のいずれにも該当するもの（特定新規設立法人）については、当該特定新規設立法人の基準期間のない事業年度の含まれる各課税期間における課税資産の譲渡等について、納税義務が免除されないこととなりました。

① その基準期間がない事業年度開始の日において特定要件（他の者により当該新規設立法人の株式等の50％超を直接又は間接に保有される場合等、他の者により当該新規設立法人が支配される一定の場合）に該当すること
② 当該新規設立法人が特定要件に該当するかどうかの判定の基礎となった他の者及び他の者と一定の特殊関係にある法人のうちいずれかの者の当該新規設立法人の当該事業年度の基準期間に相当する期間における課税売上高が5億円を超えること

（2）適用開始時期
　上記の改正は平成26年4月1日以後に設立される新規設立法人で、特定新規設立法人に該当するものについて適用されます。

（3）税制改正の内容
【改正前】

```
×1.4.1        第1期        ×2.4.1        第2期        ×3.4.1
           課税売上900万円              課税売上900万円
設立
資本金
300万円
```

①　第1期
　　資本金の額が1,000万円未満であるため免税事業者となります。
②　第2期
　　資本金の額が1,000万円未満及び特定期間の課税売上高が1,000万円以下であるため、免税事業者となります。

【改正後】

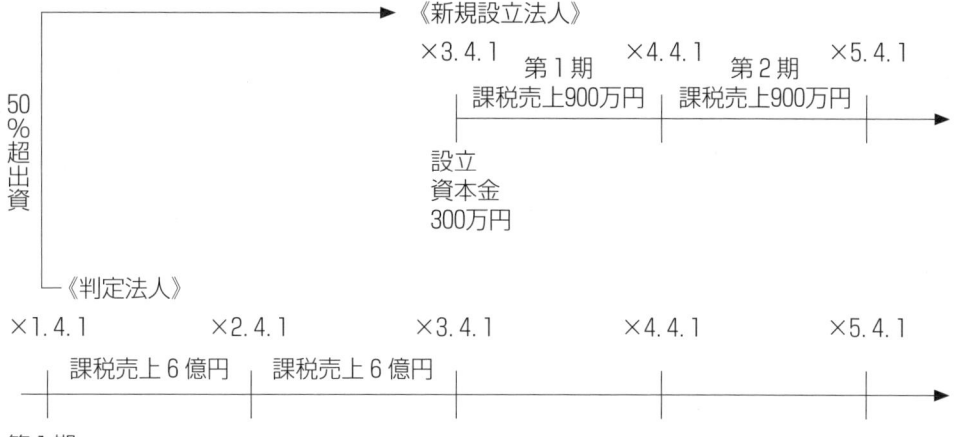

```
                              《新規設立法人》
                                          ×3.4.1            ×4.4.1            ×5.4.1
                                                  第1期              第2期
  50                                      ├─課税売上900万円─┼─課税売上900万円─┤
  ％
  超                                            設立
  出                                            資本金
  資                                            300万円

  └《判定法人》
      ×1.4.1         ×2.4.1         ×3.4.1         ×4.4.1         ×5.4.1
        ├─課税売上6億円─┼─課税売上6億円─┤
```

第1期
① Step 1
　新規設立法人の資本金の額が1,000万円未満であるため免税事業者となります。
② Step 2
　判定法人の基準期間相当期間（×1年4月1日から×2年3月31日）における課税売上高が5億円を超えているため、新規設立法人は課税事業者となります。

第2期
① Step 1
　新規設立法人の資本金の額が1,000万円未満及び特定期間の課税売上高が1,000万円以下であるため、免税事業者となります。
② Step 2
　判定法人の基準期間相当期間（×2年4月1日から×3年3月31日）における課税売上高が5億円を超えているため、新規設立法人は課税事業者となります。

※基準期間相当期間

イ　新規設立法人の基準期間がない事業年度開始の日の2年前の日の前日から同日以後1年を経過する日までに終了した判定対象者の事業年度

ロ　新規設立法人の基準期間がない事業年度開始の日の1年前の日の前日から当該新設開始日の前日までの間に終了した判定対象者の事業年度

　（上記イの場合に該当し、その基準期間相当期間における課税売上高が5億円を超える場合は除かれます。）

ハ　その他一定の事業年度

3　任意の中間申告制度

（1）改正内容

　直前の課税期間の確定消費税額（地方消費税額を含まない年税額）が48万円以下である事業者についても、届出書の提出により、その届出書を提出した日以後にその末日が最初に到来する6月中間申告対象期間から、6月中間申告を行うことができることとな

りました。

　現在の制度では直前の課税期間の確定消費税額が48万円以下である事業者については、中間申告制度を適用することができないため、中小企業者の消費税納付のための資金繰り管理等の観点から、任意での中間申告が制度化されることとなりました。

【改正前】

直前の課税期間の確定消費税額	中間申告義務の有無
4,800万円超	あり（1月中間申告）
400万円超	あり（3月中間申告）
48万円超	あり（6月中間申告）
48万円以下	なし

【改正後】

直前の課税期間の確定消費税額	中間申告義務の有無
4,800万円超	あり（1月中間申告）
400万円超	あり（3月中間申告）
48万円超	あり（6月中間申告）
48万円以下	あり（任意：6月中間申告）

※任意の中間申告制度を適用する場合にも、仮決算による中間申告及び納付をすることができます。

(2) 適用開始時期

　6月中間申告対象期間に係る課税期間が平成26年4月1日以後に開始する課税期間から適用されます。個人事業者の場合には平成27年分から、事業年度が1年の法人については平成27年3月末決算分から適用されます。

第3章 不動産賃貸業を営むものに係る消費税

この章では、不動産賃貸業を営む個人事業者及び法人に係る消費税について解説しています。①消費税の納税義務者にならないための対策②消費税の納税義務者から免税事業者へなるための対策③納税義務はあるが消費税の納税額を減らすための対策などの個人事業者若しくは法人の消費税に対する対策を事例を交えて解説。

I 個人事業者の場合

不動産賃貸業を営む個人事業者に係る消費税について解説します。

1 事業者の立場で行う取引が課税の対象となる

消費税の課税対象は、国内において事業者（個人事業者と法人をいいます。）が「事業として（※）」対価を得て行う資産の譲渡等及び外国貨物の輸入です。

※「事業として」とは、対価を得て行われる資産の譲渡等を繰り返し、継続、かつ、独立して行うことをいいます。事業用固定資産の譲渡など、事業活動に付随して行われる取引も事業に含まれます。

個人の中古車販売業者が行う中古車の売買は事業として行う売買になりますが、給与所得者がたまたま自分の自家用車を手放す行為などは、事業として行う売買とはなりません。

2 基準期間は、前々年をいう

当課税期間の、消費税の納税義務が免除されるか否か、簡易課税制度を適用できるか否かを判断する基準となる期間を「基準期間」といいます。

・基準期間の課税売上高が1,000万円超の場合	課税事業者となります。
・基準期間の課税売上高が5,000万円超の場合	簡易課税制度は適用できません。

個人事業者についてはその年の前々年をいいます。

新たに開業した個人事業者については、開業当初の2年間は基準期間が存在しないことから、原則として免税事業者となります。

相続により被相続人の事業を承継した相続人について、一定の場合（8ページの第1章 V（2）を参照）には、納税義務が免除されません。

(注) 個人事業者の場合、基準期間の途中から事業を開始した場合であっても、年換算は行いません。（法人の場合とは異なりますので注意が必要です。）

平成25年1月1日以後に開始する年については、基準期間の課税売上高が1,000万円以下であっても、特定期間（※）の課税売上高が1,000万円を超えた場合、消費税の課税事業者となります。なお、課税売上高に代えて、給与等支払額の合計額により判定することもできます。

※　特定期間とは、その年の前年の１月１日から６月30日までの期間をいいます。
（第１章Ⅴの表「特定期間の課税売上高と給与等の金額による課税事業者・免税事業者の判定」（８ページ）を参照）

3　賃貸中の消費税対策

消費税の納付税額は、平成26年中であれば、通常は次のように計算します。

（１）平成26年１月１日から３月31日まで

① 消費税
　課税売上高（税抜き）×４％ － 課税仕入高（税込み）× $\dfrac{4}{105}$　※２
　　　　　　　　　　　　※１

② 地方消費税
　消費税の納付税額× $\dfrac{1}{4}$　※３

（２）平成26年４月１日から12月31日まで

① 消費税
　課税売上高（税抜き）×6.3％ － 課税仕入高（税込み）× $\dfrac{6.3}{108}$　※２
　　　　　　　　　　　　※１

② 地方消費税
　消費税の納付税額× $\dfrac{1.7}{6.3}$　※３

なお、上記※１・※２・※３は課税売上げ及び課税仕入れの時期によりそれぞれ下記表のとおりとなります。

	～平成26年３月31日	平成26年４月１日 ～平成27年９月30日	平成27年10月１日～
※１	４％	6.3％	7.8％
※２	4/105	6.3/108	7.8/110
※３	1/4	1.7/6.3	2.2/7.8

しかし、当課税期間の基準期間における課税売上高が5,000万円以下で、「消費税簡易課税制度選択届出書（※）」を事前に提出している事業者は、実際の課税仕入れ等の税額を計算することなく、課税売上高から仕入控除税額の計算を行うことができる簡易課税制度の適用を受けることができます。

この制度は、仕入控除税額を課税売上高に対する税額の一定割合とするというものです。この一定割合をみなし仕入率といい、売上げを卸売業、小売業、製造業等、サービ

ス業等及びその他の事業の５つに区分し、それぞれの区分ごとのみなし仕入率を適用します。（27ページの第１章XIIIの（１）を参照）

（１）　簡易課税制度による申告が概ね有利

簡易課税制度を適用した場合、消費税の納付税額は次のように計算します。

消費税の納付税額 ＝ Ａ － Ｂ
　Ａ：課税売上高（税抜き）×５％若しくは８％
　Ｂ：Ａ × みなし仕入率（※）
　　※事業区分ごとの「みなし仕入率」
　　　・第一種事業（卸売業）　　　　90％
　　　・第二種事業（小売業）　　　　80％
　　　・第三種事業（製造業等）　　　70％
　　　・第四種事業（その他の事業）　60％
　　　・第五種事業（サービス業等）　50％　← 不動産賃貸業・管理業

不動産賃貸業・管理業は簡易課税制度の第５種事業に該当し、店舗・事務所・倉庫・駐車場等の貸付けや管理料収入が主な課税売上げ（住宅用家屋の貸付けや土地の貸付けは非課税売上げ）です。固定資産税等の租税公課・借入金の利子など消費税の課税対象外又は非課税扱いの支出が多いため、建物の建築や大規模修繕等を行う一定の課税期間を除き、課税仕入れ率が「みなし仕入率（50％）」より低くなるケースが一般的であるため、簡易課税制度を選択した場合には、殆どの事業者においてこの乖離に伴う恩恵（消費税の節税効果）を受ける事ができるものと考えられます。一般課税による納税額と簡易課税制度による納税額とを試算した上で、選択を検討すると良いでしょう。

※　「消費税簡易課税制度選択届出書」は、簡易課税制度を選択しようとする場合に提出する届出書です。簡易課税制度の適用を受けようとする課税期間の初日の前日まで（事業を開始した日の属する課税期間である場合には、その課税期間中）に納税地の所轄税務署長に提出します。ただし、調整対象固定資産を購入した場合には、この届出書を提出できない場合があります。

　（注）　簡易課税制度を選択した場合でも、基準期間の課税売上高が5,000万円を超える課税期間については、簡易課税制度を適用することはできません。

（2）簡易課税制度の選択は、将来の課税仕入れ等も踏まえて検討

　上記（1）では簡易課税制度による申告が概ね有利としていますが、建物の建築・購入・大規模修繕など多額の課税仕入れ等の発生が見込まれる課税期間については注意が必要です。簡易課税制度を選択している事業者は、実際の課税仕入れ等の税額を計算することなく、仕入控除税額を課税売上高に対する消費税額の一定割合（みなし仕入率）で計算します。一般課税であれば消費税の還付を受けることができる場合でもあっても、簡易課税制度では消費税の還付を受けられず、逆の納税になる可能性もあります。

　「消費税簡易課税制度選択届出書」又は「消費税簡易課税制度選択不適用届出書（※）」の提出は、設備投資計画や事業計画なども踏まえて検討する必要があります。

※　「消費税簡易課税制度選択不適用届出書」は、簡易課税制度の選択をやめようとする場合に提出する届出書です。簡易課税制度の適用をやめようとする課税期間の初日の前日までに納税地の所轄税務署長に提出します。

　　ただし、消費税簡易課税制度の適用を受けた日の属する課税期間の初日から2年を経過する日の属する課税期間の初日以後でなければ、この届出書を提出することはできませんので注意が必要です。

【設例】簡易課税制度による申告の有利不利判定

　個人事業主甲は平成26年7月に現在テナントビルとして賃貸している建物の大規模修繕を予定しており、以前より消費税の課税事業者であり簡易課税制度の適用を受けています。

　この場合において、甲は簡易課税を継続した方が有利かどうかどうかについて比較検討してみました。

> ＜甲の収入・支出状況＞
> 収入：店舗家賃収入月額250万円（別途消費税）
> 支出：経費（課税仕入）月額40万円（別途消費税）
> 　　：修繕費用2,000万円（別途消費税160万円）

① 　一般課税による税額計算

A：課税売上高（税抜き）×5％若しくは8％

　月額250万円×3か月×5％＝37.5万円

　月額250万円×9か月×8％＝180万円

　合計　37.5万円＋180万円＝<u>217.5万円</u>

B：課税仕入高（税込み）×5/105若しくは8/108

月額40万円×3か月×1.05×5/105＝6万円

（月額40万円×9か月×1.08＋2,160万円）×8/108＝188.8万円

合計　6万円＋188.8万円＝194.8万円

C：消費税の納付税額

A－B＝22.7万円

② 簡易課税制度による税額計算

A：課税売上高（税抜き）×5％若しくは8％

月額250万円×3か月×5％＝37.5万円

月額250万円×9か月×8％＝180万円

合計　37.5万円＋180万円＝217.5万円

B：A×みなし仕入率

217.5万円×50％＝108.75万円

C：消費税の納付税額

A－B＝108.75万円

　この設例では、簡易課税制度により申告するよりも一般課税により申告する方が納税額が少なくなることが予想されます。

　このような場合は、大規模修繕を行う課税期間開始の日の前日（設例の場合には、平成25年12月31日）までに「消費税簡易課税制度選択不適用届出書」の提出を行う必要があります。

4　不動産売却時の消費税対策

（1）「事業として」行う取引が課税の対象

　国内において「事業者が事業として対価を得て行う資産の譲渡等」が課税の対象となります。また、その性質上事業に付随して対価を得て行われる資産の譲渡等も含まれます。

　したがって、消費者の立場で行う自宅の売却は課税の対象となりませんが、国内に所在する賃貸用・店舗用の建物の売却などは事業者が事業として行う取引ですので課税の対象になります。

　ただし、土地（土地の上に存する権利（※）を含む）の譲渡は、非課税取引とされて

います。消費に負担を求める税としての性格から課税の対象としてなじまないためです。
　※　土地の上に存する権利とは、地上権、土地の賃借権、地役権、永小作権等の土地の使用収益に関する権利をいいます。

（2）免税事業者に該当する課税期間に売却

　不動産の売却はその対価が多額になることが多く、消費税の負担への影響も大きくなります。建物の売却を予定している場合には、検討時期においてその法人が免税事業者に該当するか否かをまず確認する必要があります。免税事業者に該当する場合には、その対価の大小にかかわらず、売却に係る消費税の負担（下記（4）に記載の影響を除く）は生じません。一方、課税事業者に該当する場合には、相当な額の消費税の負担が生じることが予想されます。
「免税事業者に該当する課税期間はないか？」
「免税事業者である課税期間に、建物の売却時期を調整できないか？」
などについて事前に十分検討することが重要です。

（3）課税事業者に該当する場合は、簡易課税制度を利用

　上記の（2）の検討にかかわらず、「免税事業者になる課税期間がない」、「免税事業者になる課税期間はあるが、売却時期が調整できない」などの事情により、課税事業者に該当する課税期間に売却をせざるを得ないこともあります。この場合、売却に係る消費税の負担が生じることとなりますが、一般課税又は簡易課税制度のいずれの計算方法により消費税額を計算しているかによって消費税の負担額も大きく変わります。

設例

個人事業者甲は、消費税の課税事業者に該当している。平成26年7月に中古賃貸用マンション一棟を売却する予定である。
・建物の売却予定額：6,000万円（別途消費税480万円）
・その他の課税売上：貸店舗収入、月額120万円（別途消費税）
・課税仕入高　　　：月額80万円（別途消費税）
・非課税売上　　　：200万円（売却時までの、マンションの家賃収入）

① 一般課税による税額計算
Ａ：課税売上高（税抜き）× 5 % 若しくは 8 %

月額120万円×3か月×5％＝18万円

（月額120万円×9か月＋6,000万円）×8％＝566.4万円

合計　18万円＋566.4万円＝584.4万円

B：課税仕入高（税込み）×5/105若しくは8/108

月額80万円×3か月×1.05×5/105＝12万円

月額80万円×9か月×1.08×8/108＝57.6万円

合計　12万円＋57.6万円＝69.6万円

※課税売上げ割合95％以上のため全額控除

C：消費税の納付税額

　　A－B＝**514.8万円**

② 簡易課税制度による税額計算

A：課税売上高（税抜き）×5％若しくは8％

月額120万円×3か月×5％＝18万円

（月額120万円×9か月＋6,000万円）×8％＝566.4万円

合計　18万円＋566.4万円＝584.4万円

　　うち、第4種事業（建物売却）に係る消費税額：480万円

　　うち、第5種事業（賃貸業）に係る消費税額　：104.4万円

（注）事業者が自己において使用していた固定資産等の譲渡は、簡易課税制度の第4種事業（みなし仕入率60％）に該当します。

B：A×みなし仕入率

　　480万円×60％＋104.4万円×50％＝**340.2万円**

C：消費税の納付税額

　　A－B＝**244.2万円**

　いずれの計算方式でも、課税売上高に係る消費税額は同じですが、控除税額は大きく異なります。建物の売却により一時的に多額の課税売上高が生じますが、その課税期間の実際の課税仕入高はこれに比例しません。そのため、実際の課税仕入高に基づく一般課税による計算では控除税額もあまり大きくなりません。他方、簡易課税制度では、実際の課税仕入高は一切考慮せず、建物の売却に係る消費税額の6割（第4種事業のみなし仕入率：60％）を控除税額とします。

　その結果、上記の設例のように、簡易課税制度により消費税額を計算した方が有利と

なるのです。

簡易課税制度を選択するには、一定の場合を除き、その選択をしようとする課税期間の初日の前日までに「消費税簡易課税制度選択届出書」を納税地の所轄税務署長に提出しなければなりません。なお、売却日の属する年（法人の場合は、事業年度）の初日の前日までに、その届出書を提出できなかった場合でも、課税期間の特例の活用により簡易課税制度を選択できる可能性もあります。

（4）翌年・翌々年の判定へ影響

建物の売却による課税売上高の増加は、売却日の属する課税期間の消費税負担のみならず、翌年以降の消費税にも影響をおよぼします。

≪翌々年の判定へ影響≫

基準期間（前々年）の課税売上高が1,000万円を超える場合には、当課税期間は課税事業者となります。さらに、基準期間の課税売上高が5,000万円を超える場合には、消費税簡易課税制度選択届出書を提出している場合であっても、当課税期間については（※）簡易課税制度を適用することはできません。

つまり、建物の売却により基準期間の課税売上高が顕著に増加すれば、その個人事業者の翌々年における、課税事業者の判定や簡易課税制度の適用の可否にも影響をおよぼすことになります。

※ 消費税簡易課税制度選択届出書を提出した場合には、消費税簡易課税制度選択不適用届出書を提出しない限り、効力は存続していますので、その後再び基準期間における課税売上高が5,000万円以下となった課税期間については、簡易課税制度の適用を受けることになります。

≪翌年の判定へ影響≫

平成25年1月1日以後に開始する年については、特定期間（その年の前年の1月1日から6月30日までの期間をいいます。）の課税売上高が1,000万円を超えた場合にも、課税事業者となります。なお、課税売上高に代えて、給与等支払額の合計額により判定することもできます。

つまり、個人事業者が1月1日から6月30日までの期間に建物を売却し、その6か月間の課税売上高が1,000万円を超えた場合には、基準期間の課税売上高が1,000万円以下であっても、翌年から課税事業者とされます。ただし、その6か月間の給与等支払額が1,000万円を超えていなければ免税事業者と判定することができます。

給与等支払額の状況によっては、特定期間を避け、7月以降の建物の売却を検討する必要があります。

《建物の売却時期の検討》

事業用の建物を譲渡した場合、その譲渡売上げは消費税の課税売上げとなります。

この、建物の譲渡時期の違いにより消費税の納税額に大きな影響を及ぼすこととなりますので、ご注意ください。

設例

個人事業主甲は消費税の免税事業者に該当している。建物A及び建物Bをそれぞれ1億円（別途消費税）で売却する予定である。

この場合において、平成26年に2棟とも売却した場合と、平成26年と平成28年に分けて売却した場合での消費税の納税額を比較しました。なお、経費に係る消費税はないものとしてします。

《個人事業主甲の事業内容》

・住宅賃貸用建物Aの年間収入：1,500万円
・住宅賃貸用建物Bの年間収入：2,000万円
・住宅賃貸用建物Cの年間収入：3,000万円
・店舗賃貸用建物Dの年間収入：900万円（別途消費税）
・経費に係る消費税　0円
・専従者給与の支払　無し

※居住用賃貸住宅の賃貸料は非課税。

(1) 同じ年（平成26年）に2棟とも売却した場合

平成26年に建物Aと建物Bを譲渡した場合は、平成28年は基準期間における課税売上高が1,000万円を超えることなり、消費税の課税事業者となり、かつ、簡易課税の適用は受けられないため、消費税の納税額は下記のとおりとなります。

① 平成26年及び平成27年

建物A及び建物Bの売却に係る消費税については、平成26年は消費税の免税事業者に該当するため、納付する必要はありません。

また、平成27年についても、仮に建物の売却が平成26年の上半期であったとしても、

給与支給総額が1,000万円以下であるため、消費税の免税事業者に該当することとなります。

② 平成28年

　　A：課税売上高（税抜き）×10％

　　　900万円 × 10％ ＝ 90万円

　　B：課税仕入高（税込み）×10/110

　　　0円

　　C：消費税の納付税額

　　　A－B ＝**90万円**

③ 平成26年〜平成28年合計

　　①＋② ＝**90万円**

このパターンは、建物の売却に係る消費税の納税は生じないため、消費税の納付としては平成28年のみで済むこととなります。

（2） 平成26年に建物Aを売却し、平成28年に建物Bを売却した場合

平成26年に建物Aを売却したことに伴い、平成28年は基準期間における課税売上高が1,000万円を超えるため、消費税の課税事業者に該当することとなります。

その状況で、建物Bを売却した場合には建物Bの譲渡に係る消費税の納税を行う必要があり、さらに、基準期間である平成26年における課税売上高が5,000万円を超えているため、簡易課税を適用することもできないということとなります。

また、平成30年についても平成28年に建物Bを売却しているため、一般課税による消費税の申告及び納付義務が生じます。

その結果、消費税の納税額は下記のとおりとなります。

① 平成26年及び平成27年

建物Aの売却に係る消費税については、平成26年は消費税の免税事業者に該当するため、納付する必要はありません。

また、平成27年についても、仮に建物の売却が平成26年の上半期であったとしても、給与支給総額が1,000万円以下であるため、消費税の免税事業者に該当することとなります。

② 平成28年

　　A：課税売上高（税抜き）×10％

　　　　（10,000万円＋900万円）× 10％ ＝ 1,090万円

　　Ｂ：課税仕入高（税込み）×10/110

　　　0円

　　Ｃ：消費税の納付税額

　　　Ａ－Ｂ＝**1,090万円**

③　平成30年

　　Ａ：課税売上高（税抜き）×10％

　　　900万円 × 10％ ＝ 90万円

　　Ｂ：課税仕入高（税込み）×10/110

　　　0円

　　Ｃ：消費税の納付税額

　　　Ａ－Ｂ＝**90万円**

④　合計

　　①＋②＋③＝**1,180万円**

　このように、建物を2棟売却するという取引を行うにあたり、時期をいつにするかにより消費税の納税額が大きく異なることとなりますので、売却時期の検討は慎重に行う必要があります。

II 法人の場合

不動産賃貸業を営む法人に係る消費税について解説します。

1 すべてが「事業として」行う取引になる

消費税の課税対象は、国内において事業者（個人事業者と法人をいいます。）が「事業として（※）」対価を得て行う資産の譲渡等及び外国貨物の輸入です。

※「事業として」とは、対価を得て行われる資産の譲渡等を繰り返し、継続、かつ、独立して行うことをいいます。事業用固定資産の譲渡など、事業活動に付随して行われる取引も事業に含まれます。

法人は事業を行う目的をもって設立されたものですから、法人のすべての取引は「事業」に該当します。

2 基準期間は、前々事業年度をいう

当課税期間の、消費税の納税義務が免除されるか否か、簡易課税制度を適用できるか否かを判断する基準となる期間を「基準期間」といいます。

・基準期間の課税売上高が1,000万円超の場合は、課税事業者となります。
・基準期間の課税売上高が5,000万円超の場合は、簡易課税制度は適用できません。

原則として、法人についてはその事業年度の前々事業年度（前々事業年度が1年未満である法人については、その事業年度開始の日の2年前の日の前日から同日以後1年を経過する日までの間に開始した各事業年度を合わせた期間）をいいます。

新たに設立された法人については、設立1期目及び設立2期目は基準期間が存在しないことから、原則として免税事業者となりますが、一定の場合（第1章Ⅴの（3）を参照）には納税義務は免除されません。

（注）基準期間が1年でない法人の場合は、原則として、1年相当に換算した金額により判定します。具体的には、基準期間中の課税売上高を、基準期間に含まれる事業年度の月数（月数は暦に従って計算し、1月に満たない端数が生じたときは、これを1月とします。）で割った額に12を掛けて計算した金額により判定します。

平成25年1月1日以後に開始する事業年度については、基準期間の課税売上高が1,000万円以下であっても、特定期間（※）の課税売上高が1,000万円を超えた場合、消費税の課税事業者となります。なお、課税売上高に代えて、給与等支払額の合計額により判定することもできます。

※ 特定期間とは、原則として、その事業年度の前事業年度開始の日以後6か月の期間をいいます。（詳細は51ページを参照）
（第1章Ⅴの（1）の表「特定期間の課税売上高と給与等の金額による課税事業者・免税事業者の判定」（8ページ）を参照）

3 賃貸中の消費税対策

（1） 簡易課税制度による申告が概ね有利

個人の場合と同様です。（66ページのⅠの3の（1）を参照）

（2） 簡易課税制度の選択は、将来の課税仕入れ等も踏まえて検討

個人の場合と同様です。（67ページのⅠの3の（2）を参照）

（3） 法人設立時の資本金の額は1,000万円未満で検討

当課税期間の基準期間の課税売上高が1,000万円を超える法人は消費税の課税事業者となりますが、新たに設立された法人については、設立1期目及び設立2期目は基準期間が存在しないことから、原則として免税事業者となります。

ただし、次のような場合には納税義務は免除されません。

・その事業年度の基準期間がない法人のうち、その事業年度開始の日における資本金の額又は出資の金額が1,000万円以上である法人の場合、その基準期間のない事業年度については、納税義務は免除されません。

（以下省略。詳細は、10ページの第1章Ⅴの（3））を参照）

つまり、期首の資本金の額が1,000万円以上である新設法人は、設立1期目及び設立2期目について無条件に課税事業者とされてしまうのです。

この対応策として、設立時の出資金額を1,000万円未満に抑えることが有効です。また、資本金の額又は出資金の額には資本剰余金の額等は含まれないことから、出資金額の一部を資本剰余金に振り分ける手段もとれます。

なお、資本金の額が1,000万円以上となるような増資を検討する場合には、増資の実施時期を、設立2期目の開始日（期首）の翌日以降とすると期首時点での資本金の額の判定をクリアすることができます。

（4） 法人設立3期目に免税事業者になる工夫

　1年決算法人の場合、設立3期目が課税事業者であるか否かは、原則としてその基準期間（前々事業年度、つまり設立1期目）の課税売上高が1,000万円超であるか否かによって判定します。法人の設立日は、定款に定められる会計期間の初日とは一致しないケースが多く、この場合、基準期間（設立1期目）は1年未満となります。

　基準期間が1年でない法人の場合は、原則として、1年相当に換算した金額により判定します。具体的には、基準期間中の課税売上高を、基準期間に含まれる事業年度の月数で割った額に12を掛けて計算した金額により判定します。なお、月数は暦に従って計算し、1月に満たない端数が生じたときは、これを1月とします。

　下記の設例のように、1年分の課税売上高が1,000万円を超える法人であっても、設立事業年度の月数や課税売上高の発生時期などによって、設立3期目も免税事業者となり得ます。

設例

　法人甲は、X5年6月15日に資本金300万円で設立され、4か月半の準備期間を経過後、同年11月1日から賃貸収入を収受している。
・賃貸収入の内訳：立体駐車場収入、月額150万円（別途消費税12万円）

＜法人設立3期目の判定＞

事業年度	課税売上高	判定
設立1期目 （9か月半） X5年6月15日 ～X6年3月31日	期中から収入発生 5か月分 810万円	基準期間なし 期首の資本金1,000万円未満 ゆえに、免税事業者
設立2期目 X6年4月1日 ～X7年3月31日	12か月分 1,944万円	基準期間なし 期首の資本金1,000万円未満 ゆえに、免税事業者
設立3期目 X7年4月1日 ～X8年3月31日	12か月分 1,944万円	基準期間：設立1期目 810万円 ÷ 10月 × 12月 ＝ 972万円 ≦ 1,000万円 ゆえに、免税事業者
設立4期目 X8年4月1日 ～X9年3月31日	（省略）	基準期間：設立2期目 1,944万円 ＞ 1,000万円 ゆえに、課税事業者

（注）特定期間における課税売上高は1,000万円以下であると仮定しています。

4 不動産売却時の消費税対策

(1) 建物の売却は課税売上げ、土地は非課税

　法人が国内に所在する不動産を売却した場合には、その用途にかかわらず、すべて消費税の課税対象として取り扱われます。法人は事業を行う目的をもって設立されたものであり、その活動すべてが事業として行う取引となるためです。

　ただし、土地（土地の上に存する権利（※）を含む）の譲渡は、非課税取引とされています。消費に負担を求める税としての性格から課税の対象としてなじまないためです。

　　※　土地の上に存する権利とは、地上権、土地の賃借権、地役権、永小作権等の土地
　　　の使用収益に関する権利をいいます。

(2) 免税事業者に該当する課税期間に売却

　個人の場合と同様です。(69ページのⅠの4の(2)を参照)

(3) 課税事業者に該当する場合は、簡易課税制度を利用

　個人の場合と同様です。(69ページのⅠの4の(3)を参照)

(4) 翌事業年度・翌々事業年度の判定へ影響

　建物の売却による課税売上高の増加は、売却日の属する課税期間の消費税負担のみならず、翌事業年度以降の消費税にも影響をおよぼします。

≪翌々事業年度の判定へ影響≫

　基準期間（1年決算法人の場合は前々事業年度）の課税売上高が1,000万円を超える場合には、当課税期間は課税事業者となります。さらに、基準期間の課税売上高が5,000万円を超える場合には、消費税簡易課税制度選択届出書を提出している場合であっても、当課税期間については（※）簡易課税制度を適用することはできません。

　つまり、建物の売却により課税売上高が顕著に増加すれば、その法人の翌々事業年度における、課税事業者の判定や簡易課税制度の適用の可否にも影響をおよぼすことになります。

　　※消費税簡易課税制度選択届出書を提出した場合には、消費税簡易課税制度選択不適
　　　用届出書を提出しない限り、効力は存続していますので、その後再び基準期間にお
　　　ける課税売上高が5,000万円以下となった課税期間については、簡易課税制度の適
　　　用を受けることになります。

≪翌事業年度の判定へ影響≫

　平成25年1月1日以後に開始する事業年度については、特定期間（原則として、その事業年度の前事業年度開始の日以後6か月の期間をいいます。）の課税売上高が1,000万円を超えた場合にも、課税事業者となります。なお、課税売上高に代えて、給与等支払額の合計額により判定することもできます。

　つまり、法人が事業年度の上半期に建物を売却し、その6か月間の課税売上高が1,000万円を超えた場合には、基準期間の課税売上高が1,000万円以下であっても、翌事業年度から課税事業者とされます。ただし、その6か月間の給与等支払額が1,000万円を超えていなければ免税事業者と判定することができます。

　給与等支払額の状況によっては、特定期間を避け、事業年度の下半期での建物の売却を検討する必要があります。

《建物の売却時期の検討》

　法人が所有している建物を譲渡した場合、事業供用の有無にかかわらずその譲渡売上げは消費税の課税売上げとなります。

　この、建物の譲渡時期の違いにより消費税の納税額に大きな影響を及ぼすこととなりますので、ご注意ください。

Ⅲ　消費税の対策事例～課税売上高の分散・圧縮～

　個人若しくは法人の消費税に対する対策としては以下の考え方による対策が基本となります。

・消費税の納税義務者にならないための対策
・消費税の納税義務者から免税事業者へなるための対策
・納税義務はあるが消費税の納税額を減らすための対策

　上記のいずれの対策を行うにも共通していることが、消費税の課税売上げを減らすということで、その方法としては課税売上げから非課税売上げへ転換させる方法と、法人から課税売上げを個人や他の法人に移転させるという方法が考えられます。

　そこで、その方法についていくつかご紹介させて頂きます。

1 事例1 ～資産売却時期による納税義務の有無～

> 個人事業主甲は消費税の免税事業者に該当するが、マンションの部屋を複数所有しこれを賃貸の用に供しており、その他駐車場の収入が月額30万円（別途消費税）ある。
> 今回、このマンションのうち、5部屋を1部屋あたり1,000万円（うち、建物部分を消費税込み200万円）で売却することとした。この場合、売却の時期により下記の違いが生じます。

（1）平成26年7月に全ての部屋を売却した場合

平成26年7月に全ての部屋を売却した場合、その年の課税売上高は下記表のとおりとなり、1,000万円を超えることとなります。

その結果、売却年の翌々年である平成28年は消費税の課税事業者に該当することとなり、駐車場収入等の課税売上げに係る消費税の納税義務が生じることとなります。

駐車場収入	月額30万円×3か月×1.05＝94.5万円 月額30万円×9か月×1.08＝291.6万円 小計　386.1万円
建物売却収入	200万円×5部屋＝1,000万円
合計	1,386.1万円

（2）平成26年7月と平成27年7月に分けて売却した場合

平成26年7月に5部屋のうち3部屋を売却し、平成27年7月に残り2部屋を売却した場合、平成26年及び平成27年の課税売上高は下記表のとおりとなり、いずれの年も1,000万円以下となります。

その結果、売却年の翌々年も消費税の免税事業者に該当することとなり、駐車場収入等の課税売上げに係る消費税の納税義務は生じないこととなります。

	平成26年
駐車場収入	月額30万円×3か月×1.05＝94.5万円 月額30万円×9か月×1.08＝291.6万円 小計　386.1万円
建物売却収入	200万円×3部屋＝600万円
合計	986.1万円

	平成27年
駐車場収入	月額30万円×9か月×1.08＝291.6万円 月額30万円×3か月×1.10＝99万円 小計　390.6万円
建物売却収入	200万円×2部屋＝400万円
合計	790.6万円

2 事例2 ～駐車場貸しから土地貸しへの変更による対策～

> A社は消費税の課税事業者に該当するが、平成28年現在、月極駐車場として貸している場所を、時間貸し駐車場を営む事業者が土地として年間330万円（現在月極駐車場として入ってきている金額と同額）で貸して欲しいとの申し出があったため貸すこととした。
> このことにより、A社には以下のような効果が生じた。

（1）駐車場貸しの場合

月極駐車場として貸しているときのA社の収入状況は以下のとおりとなっており、A社は毎年の課税売上高が1,000万円を超えるため、消費税の課税事業者に該当し消費税を納税していた。

店舗家賃収入：年間900万円（別途消費税90万円）

駐車場収入：年間300万円（別途消費税30万円）

（2）土地貸しの場合

月極駐車場から土地貸しへと変更となったことにより、A社の収入状況は以下のとおりとなっており、土地貸しの前と後では年間収入金額は同じであるが、土地貸し後は消費税の課税売上げが年間1,000万円以下となるため、消費税の免税事業者となることになります。

店舗家賃収入：年間900万円（別途消費税90万円）

地代収入：年間330万円

なお、A社の場合は月極駐車場として利用していた場所を、それまで月額駐車場として収受していた消費税込みの賃料と同額で土地を貸すことができたため、消費税の免税事業者になった分の税効果を享受できましたが、既存の月極駐車場収入に比べて地代収入が低くなりすぎる場合は、結果として手残り金額が少なくなってしまうということが考えられますので、注意が必要となります。

3 事例3 ～契約書の見直しによる課税売上げの圧縮～

　個人事業主甲は消費税の課税事業者であるが、所有しているアパートは車の所有の有無にかかわらず、駐車場が入居者に貸されている状況です。

　そして、このアパートにおける入居者との契約書を確認したところ、家賃とは別に駐車場使用料を収受することとなっていました。

　そこで、駐車場を賃貸する場合における下記の取扱いの適用を受けられるように契約形態を見直し、家賃と駐車料を区分せずに収受するように変更することで、課税売上げを減らすことができました。

　駐車場のように独立して賃貸の目的となるものは、家賃とは区分して課税売上げとなります。ただし、住宅の賃貸に当たり、次のいずれにも該当する場合、駐車場と住宅が一体となって貸し付けられていると判断され、非課税となります。
イ　一戸当たり1台分以上の駐車スペースが確保されており、かつ、自動車の保有の有無にかかわらず割り当てられている等の場合
ロ　家賃とは別に駐車場使用料等を収受していない場合

4 事例4 ～所得分散により簡易課税が適用できるようにする対策～

　基準期間における課税売上げが5,000万円を超える事業者の場合、簡易課税の適用ができないため、不動産賃貸業ではあまり経費が発生せずに多額の消費税の負担が生じることがあります。

　個人事業主である甲さんは、ロードサイド店舗を2軒所有し、毎年の消費税の課税売上げが5,000万円を超えているため、消費税を一般課税により納付している。

　これらの店舗の経費に係る消費税はそれほど多くないため、毎年多額の消費税を納めているため、下記のような対策を実行しました。

＜対策方法＞

　消費税の課税事業者である甲の収入・支出状況は下記のとおりです。

　店舗Aの賃貸収入：月額300万円（別途消費税）

　店舗Bの賃貸収入：月額200万円（別途消費税）

　課税仕入高：店舗Aに係る経費　月額20万円（別途消費税）

：店舗Bに係る経費　月額10万円（別途消費税）

　甲は消費税の課税売上げが年間6,000万円であるため、消費税の納税義務者であり、かつ簡易課税は適用できないため平成26年分消費税の納税額は以下のとおりとなります。

　※　一般課税による税額計算

　　A：課税売上高（税抜き）×5％若しくは8％

　　　（月額300万円＋月額200万円）×3か月×5％＝75万円

　　　（月額300万円＋月額200万円）×9か月×8％＝360万円

　　　合計　75万円＋360万円＝<u>435万円</u>

　　B：課税仕入高（税込み）×5/105若しくは8/108

　　　（月額20万円＋月額10万円）×3か月×1.05×5/105＝4.5万円

　　　（月額20万円＋月額10万円）×9か月×1.08×8/108＝21.6万円

　　　合計　4.5万円＋21.6万円＝<u>26.1万円</u>

　　C：消費税の納付税額

　　　A－B＝**<u>408.9万円</u>**

　このように、現状は仮受消費税のほぼ全額を納付している状況です。

　そこで、対策方法として、店舗Aか店舗Bを甲の収入から除外することで課税売上高を減少させ、簡易課税の適用が受けられるようにすることを考え、平成26年1月1日に新たに乙法人（資本金500万円）を設立して、店舗Aを帳簿価額8,000万円（別途消費税）で売却することとしました。

　その結果、甲と乙法人の消費税の納税額は下記のようになりました。

① 甲の納付消費税

●平成26年

　　A：課税売上高（税抜き）×5％若しくは8％

　　　（月額200万円×3か月＋8,000万円）×5％＝430万円

　　　月額200万円×9か月×8％＝144万円

　　　合計　430万円＋144万円＝<u>574万円</u>

　　B：課税仕入高（税込み）×5/105若しくは8/108

　　　月額10万円×3か月×1.05×5/105＝1.5万円

　　　月額10万円×9か月×1.08×8/108＝7.2万円

合計　1.5万円＋7.2万円＝<u>8.7万円</u>

　C：消費税の納付税額

　　A－B＝<u>**565.3万円**</u>

●平成27年

　A：課税売上高（税抜き）×8％若しくは10％

　　月額200万円×9か月×8％＝144万円

　　月額200万円×3か月×10％＝60万円

　　合計　144万円＋60万円＝<u>204万円</u>

　B：課税仕入高（税込み）×8/108若しくは10/110

　　月額10万円×9か月×1.08×8/108＝7.2万円

　　月額10万円×3か月×1.10×10/110＝3万円

　　合計　7.2万円＋3万円＝<u>10.2万円</u>

　C：消費税の納付税額

　　A－B＝<u>**193.8万円**</u>

●平成28年

　A：課税売上高（税抜き）×10％

　　月額200万円×12か月×10％＝<u>240万円</u>

　B：課税仕入高（税込み）×10/110

　　月額10万円×12か月×1.10×10/110＝<u>12万円</u>

　C：消費税の納付税額

　　A－B＝<u>**228万円**</u>

●平成29年以降…簡易課税を選択するものとする

　A：課税売上高（税抜き）×10％

　　月額200万円×12か月×10％＝<u>240万円</u>

　B：A×みなし仕入率

　　240万円×50％＝<u>120万円</u>

　C：消費税の納付税額

　　A－B＝<u>**120万円**</u>

② 乙法人の納付消費税

●平成26年期・平成27年期

　資本金1,000万円未満及び特定期間における給与支給総額が1,000万円以下とすることにより、納税義務無し。

●平成28年期以降…簡易課税を選択するものとする

　A：課税売上高（税抜き）×10%

　　月額300万円×12か月 × 10% ＝ <u>360万円</u>

　B：A × **みなし仕入率**

　　360万円 × 50% ＝ <u>180万円</u>

　C：消費税の納付税額

　　A － B ＝ <u>**180万円**</u>

③ 結果比較

　対策後の甲と乙法人の消費税の納税額を比較した結果、下記表のとおりとなります。

（単位：万円）

	平成26年	平成27年	平成28年	平成29年	平成30年	5年累計	10年累計
現状	408.9	479.4	564	564	564	2,580.3	5,400.3
個人甲	565.3	193.8	228	120	120	1227.1	1,827.1
乙法人	0	0	180	180	180	540	1,440
合計	565.3	193.8	408	300	300	1,767.1	3,267.1
差引	＋156.4	△285.6	△156	△264	△264	△813.2	△2,133.2

　このように、売却した平成26年は売却に係る消費税の納税が生じるため、負担増となりますが、以後は負担が軽減されるため、年数が経過すればするほどその効果は大きくなります。

④ 法人乙での消費税の還付

　店舗Aを売却するにあたり、法人乙において消費税の還付を受けることができます。消費税の還付を受けた方が有利か不利かについては店舗の売却価額と店舗の収入金額により異なることとなりますので、注意が必要です。

消費税の還付を受けるためには、資本金を1,000万円以上とするか「消費税課税事業者選択届出書」を提出する必要がありますが、いずれの場合も、今回のケースでは店舗建物取得後3年間は消費税の納税義務が生じるとともに簡易課税が適用できないため納税額が増えるということが考えられます。

（イ）　上記設例の場合において、乙法人が平成26年期から消費税の納税義務者となる場合
（a）乙法人の納付消費税
●平成26年期
　　A：課税売上高（税抜き）×5％若しくは8％
　　　月額300万円×3か月×5％＝45万円
　　　月額300万円×9か月×8％＝216万円
　　　合計　45万円＋216万円＝<u>261万円</u>
　　B：課税仕入高（税込み）×5/105若しくは8/108
　　　（月額20万円×3か月＋8,000万円）×1.05×5/105＝403万円
　　　月額20万円×9か月×1.08×8/108＝14.4万円
　　　合計　403万円＋14.4万円＝<u>417.4万円</u>
　　C：消費税の納付税額
　　　A－B＝△<u>**156.4万円**</u>

●平成27年期
　　A：課税売上高（税抜き）×8％若しくは10％
　　　月額300万円×9か月×8％＝216万円
　　　月額300万円×3か月×10％＝90万円
　　　合計　216万円＋90万円＝<u>306万円</u>
　　B：課税仕入高（税込み）×8/108若しくは10/110
　　　月額20万円×9か月×1.08×8/108＝14.4万円
　　　月額20万円×3か月×1.10×10/110＝6万円
　　　合計　14.4万円＋6万円＝<u>20.4万円</u>
　　C：消費税の納付税額
　　　A－B＝<u>**285.6万円**</u>

●平成26年期及び平成27年期合計

285.6万円－156.4万円＝**129.2万円**

　この設例では、平成26年期から消費税の納税義務者にならない場合は、平成26年期及び平成27年期は免税事業者で納付消費税額は０円であるのに対して、平成26年期に消費税の納税義務者になること選択して消費税の還付を受けたことが、かえって消費税の納税額を増やすという結果になります。

(ロ)　店舗の売却が20,000万円（別途消費税）の場合

　それでは、上記設例の場合において、店舗を平成26年１月１日に売却価額20,000万円（別途消費税）で乙法人に売却した場合について、検証してみます。

（a）乙法人の納付消費税

●平成26年期

　　A：課税売上高（税抜き）×５％若しくは８％

　　　月額300万円×３か月×５％＝45万円

　　　月額300万円×９か月×８％＝216万円

　　　合計　45万円＋216万円＝**261万円**

　　B：課税仕入高（税込み）×５/105若しくは８/108

　　　（月額20万円×３か月＋20,000万円）×1.05×５/105＝1,003万円

　　　月額20万円×９か月×1.08×８/108＝14.4万円

　　　合計　1,003万円＋14.4万円＝**1,017.4万円**

　　C：消費税の納付税額

　　　A － B ＝ **△756.4万円**

●平成27年期

　　A：課税売上高（税抜き）×８％若しくは10％

　　　月額300万円×９か月×８％＝216万円

　　　月額300万円×３か月×10％＝90万円

　　　合計　216万円＋90万円＝**306万円**

　　B：課税仕入高（税込み）×８/108若しくは10/110

　　　月額20万円×９か月×1.08×８/108＝14.4万円

月額20万円×3か月×1.10×10/110＝6万円

合計　14.4万円＋6万円＝20.4万円

C：消費税の納付税額

A－B＝**285.6万円**

●平成28年期

A：課税売上高（税抜き）×10％

月額300万円×12か月×10％＝**360万円**

B：課税仕入高（税込み）×10/110

月額20万円×12か月×1.10×10/110＝**24万円**

C：消費税の納付税額

A－B＝**336万円**

●平成26年期～平成28年期合計

285.6万円＋336万円－756.4万円＝**△134.8万円**

　この設例では、平成26年期から消費税の納税義務者にならない場合の、平成26年期～平成28年期の合計納付消費税額が180万円であるのに対して、平成26年期に消費税の納税義務者になること選択した場合の、平成26年期～平成28年期の合計納付消費税額が134.8万円の還付となりますので、この場合は平成26年期から消費税の課税事業者になるように対策する方が有利であるということとなります。

Ⅳ 収受する金額の課税・非課税の判定

1 不動産賃貸業における課税・非課税

不動産賃貸業における消費税の課税・非課税は次のようになります。

取引の区分			課税	非課税
土地	賃貸	原則		●
		1か月未満のもの	●	
		駐車場 (注1・2) 設備を有するもの（区画・フェンス等）	●	
		上記以外		●
	売買			●
建物	賃貸	店舗・事務所等	●	
		住宅（注3〜注7）		●
	売買	アパート等事業の用に供したる建物に限る	●	

（注1〜注7）（15ページの第1章Ⅷを参照）

2 集合住宅での収受形態ごとの課税・非課税

集合住宅においては、施設の使用料又は役務の提供の対価を家賃や共益費として収受する場合、又はこれらと別建てで収受する場合があります。

それぞれの収受の形態により、下記の表のとおり取り扱います。

（1） 家賃……住宅の貸付けとは別に貸付けの対象となっていると認められる施設や動産部分及びサービス部分については、一括家賃として収受したとしても合理的に区分のうえ、課税対象となります。

したがって、通常単独で賃貸借やサービスの目的物となる駐車場施設、プール・アスレチック施設等については、全住宅の貸付けについて付属する場合や住人のみの利用が前提となっている場合など、住宅に対する従属性がより強固な場合にのみ非課税とされ、もともと居住用としての従属性が認められる倉庫や家具などの施設又は動産については、全体を家賃として収受している以上、非課税として取り扱うこととなります。ただし、入居者の別注により賃貸借の対象となっているものは課税となります。

(2) 共益費……住宅を共同で利用する上で居住者が共通に使用すると認められる部分の費用を居住者に応分に負担させる性格のものについては、共益費、管理費等その名称にかかわらず非課税となります。

(3) 別建請求する各種料金……個別に内容を判定することとなりますが、(2)の共益費に該当するもの以外は、課税対象となります。

集合住宅の賃料又は共益費として収受するものの課税・非課税の判定

「賃料」又は「共益費」の内容	契約書上の表示例	課非区分
住宅貸付料	「賃料」	非課税
共用部分の管理料	「賃料には共用部分管理料を含む。」	非課税
駐車場料		
車所有の有無にかかわらず1戸につき1台以上の駐車場が付属する場合	「駐車場利用料を含む。」 賃貸借物件に「駐車場」を記載。 特に記載なし。	非課税
上記以外の場合	「駐車場利用料を含む。」 賃貸借物件に「駐車場」を記載。 特に記載なし。	駐車場料金を合理的に区分し課税
プール・アスレチック・温泉等施設利用料		
住人以外利用不可の場合	「(プール等施設)利用料を含む。」 賃貸借物件に施設名を記載。 特に記載なし。	非課税
住人以外利用可(有料)の場合	「(プール等施設)利用料を含む。」 賃貸借物件に施設名を記載。	利用料金を合理的に区分し課税
家具・電気製品等使用料		
入居者の選択の如何にかかわらず、あらかじめ一定の家具等を設置して賃貸している場合	「(家具等)使用料を含む。」 賃貸借物件に「家具」等と記載。 特に記載なし。	非課税
入居者の選択により家具等を設置している場合	「(家具等)使用料を含む。」 賃貸借物件に「家具」等と記載。 特に記載なし。	家具等使用料を合理的に区分し課税
倉庫使用料(同一敷地内に設置されるもの)		
入居者の選択にかかわらず、あらかじめ倉庫を設置している場合	「倉庫使用料を含む。」 賃貸借物件に「倉庫」と記載。 特に記載なし。	非課税
入居者の選択により倉庫を利用させている場合	「倉庫使用料を含む。」 賃貸借物件に「倉庫」と記載。 特に記載なし。	倉庫使用料を合理的に区分し課税

項目	契約書記載	課税区分
空調施設利用料（設置済みの冷暖房施設により各戸の冷暖房及び空調を行うマンションの場合。）	「空調施設利用料を含む。」特に記載なし。	非課税
給湯施設利用料（各戸の台所・浴室・洗面所に常時給湯サービスが可能な施設を有するマンションの場合（各戸の使用実績はとらない。）	「給湯施設利用料を含む。」特に記載なし。	非課税
電気・ガス・水道利用料（各戸に対し電気・ガス・水道の供給サービスを行っているマンションの場合（各戸の使用実績はとらない。））	「（電気等）利用料を含む。」特に記載なし。	非課税
換気設備利用料（設置済みの換気設備で３戸の強制換気を行うマンションの場合。）	「換気設備利用料を含む。」特に記載なし。	非課税
衛星放送共同アンテナ使用料（各戸に配線済みであるが、衛星放送受信のためには、各戸において別途BSチューナーを設置し、個々に受信契約を締結する必要がある。）	「衛星放送共同アンテナ使用料を含む。」特に記載なし。	非課税
CATV利用料（各戸に配線済みであり、通常のテレビ放送については、アンテナ端子に配線するだけで簡単に受信できるが、有線放送や衛星放送については、各戸において別途ケーブル・テレビジョン会社と契約する。）	「CATV利用料を含む。」特に記載なし。	非課税
ハウスキーピング料		
入居者の選択の如何にかかわらず、あらかじめハウスキーピング・サービスを付している場合	「ハウスキーピング料を含む。」特に記載なし。	非課税
入居者の選択によりハウスキーピング・サービスを付している場合	「ハウスキーピング料を含む。」特に記載なし。	ハウスキーピング料を合理的に区分し課税
管理料（共用部分の清掃、メインテナンス等に係る費用）	「管理料を含む。」特に記載なし。	非課税
警備料		
マンション全体の警備を行う場合	「警備料を含む。」特に記載なし。	非課税
マンション全体の警備のほか、ホームコントロール盤により専用部分（各住宅）の防犯・防火等のチェックを行う場合	「警備料を含む。」特に記載なし。	非課税
ルーム・メインテナンス料（居室内の施設・設備のトラブルについては、専門スタッフによる修理・点検を行う。）	「ルーム・メインテナンス料を含む。」特に記載なし。	非課税

請求名目	請求名目の内容	課非区分
フロント・サービス料（メッセージ・サービス、荷物預かりサービス、荷物配送サービス、クリーニング取次ぎサービス等）	「フロント・サービス料を含む。」特に記載なし。	非課税

○賃料とは別に次の名目で賃貸人が収受する金銭の取扱い

請求名目	請求名目の内容	課非区分
駐車場利用料	車所有の有無にかかわらず１戸につき１台分以上の駐車場が付属する場合	課税
	入居者の選択により賃借する場合	
プール・アスレチック施設利用料	プール・アスレチック施設利用料	課税
	住人以外利用可	
家具・エアコン等使用料	入居者の選択にかかわらず、あらかじめ設置している場合	課税
	入居者の選択により家具等を設置している場合	
倉庫使用料	入居者の選択にかかわらず、あらかじめ設置している場合	課税
	入居者の選択により倉庫を利用させている場合	
衛星放送共同アンテナ使用料	各戸に配線済み。ただし、衛星放送受信のためには各戸において別途BSチューナーを設置し、個々に受信契約を締結する必要がある。	非課税
CATV利用料	各戸に配線済み。ただし、通常のテレビ放送のほか有線放送や衛星放送については、各戸において別途ケーブル、テレビジョン会社と契約する必要がある。	非課税
空調施設利用料	専用・共用部分を含めた全館の空調施設利用料	非課税
給湯施設利用料（各戸の台所・浴室・洗面所の給湯利用料）	各戸の使用実績を請求する場合	課税
	一定額を請求する場合	
電気・ガス・水道使用料	各戸の使用実績を請求する場合	課税
	一定額を請求する場合	
管理料	共用部分の管理料 一戸当たり均一額を収受する場合	非課税
	実績を各戸の専有面積で按分計算する場合	

警備料	マンション全体の警備を行う場合	非課税
	マンション全体の警備のほか、ホームコントロール盤により専用部分（各住宅）の防犯・防火等のチェックを行う場合	
ハウスキーピング料	定期的に全戸を対象に行う場合	課税
	希望により実施することとしている場合	
ルーム・メインテナンス料	居室内の施設・設備のトラブルについては、専門スタッフによる修理・点検を行う	課税
修繕積立金	共用部分の修繕及び各戸の配管、配線、バルコニー等専用部分の修繕等に充てるため収受するもの	非課税

（注） 契約書等において賃料の明細として「○○利用（使用）料××円を含む。」との表示がある場合の当該表示された金額は、「賃料とは別の名目で収受する金銭」に該当します。

3 建物賃貸借契約の違約金など

建物の賃貸人は建物の賃貸借の契約期間の終了以前に入居者から解約の申入れにより中途解約の違約金として数か月分の家賃相当額を受け取る場合があります。この違約金は、賃貸人が賃借人から中途解約されたことに伴い生じる逸失利益を補てんするために受け取るものですから、損害賠償金として課税の対象とはなりません。

また、賃借人が立ち退く際に、賃貸人が賃借人から預っている保証金の中から原状回復工事に要した費用相当額を受け取る場合があります。賃借人には立退きに際して原状に回復する義務がありますので、賃借人に代わって賃貸人が原状回復工事を行うことは、賃貸人の賃借人に対する役務の提供に当たります。

したがって、賃貸人が受け取る工事費に相当する額は、賃貸人の賃借人に対する役務の提供の対価となりますので、課税の対象となります。

なお、賃貸借契約の契約期間終了後においても入居者が立ち退かない場合に、店舗及び事務所等の賃貸人がその入居者から規定の賃貸料以上の金額を受け取ることがあります。この場合に受け取る金額は、入居者が正当な権利なくして使用していることに対して受け取る割増し賃貸料の性格を有していますので、その全額が店舗及び事務所等の貸付けの対価として課税されることになります。

4 建物と土地を一括譲渡した場合の建物代金

土地とその土地の上に存する建物を一括して譲渡した場合には、土地の譲渡は非課税

ですので、建物部分についてのみ課税されます。
　この場合、下記の方法などにより譲渡代金を土地と建物部分に合理的に区分する必要があります。
・譲渡時における土地及び建物のそれぞれの時価の比率による按分
・相続税評価額や固定資産税評価額を基にした按分
・土地、建物の原価（取得費、造成費、一般管理費・販売費、支払利子等を含みます。）を基にした按分

5　不動産売買に伴う固定資産税等の精算金

　固定資産税及び都市計画税（以下、「固定資産税等」といいます。）は、その年の1月1日時点の不動産の所有者に対して課税されます。年の途中に売買を行った場合に、この未経過分の固定資産税等を売買代金とは別途に精算することが不動産取引における慣習となっています。しかし、固定資産税等は1月1日時点の所有者が地方公共団体に対して納付すべきものであり、売買当事者間の合意により分担がなされた場合でも、それは私人間で行う利益調整として取り扱われ、不動産の譲渡対価の一部とされます。
　したがって、その精算金が土地の売買（非課税）に伴うものであれば、土地の売買代金の一部として非課税取引とされ、その精算金が業務用建物の売買（課税）に伴うものであれば、建物の売買代金の一部として課税取引とされます。

第4章 消費税の還付を受けるための具体策

この章では、賃貸建物の取得又は建築に伴う次に掲げる消費税の還付について、その概要と注意点をポイントに添って、ケーススタディを交えながら解説します。
① 消費税の納税義務があるか否か
② 還付を受ける課税期間に課税売上げがあるか否か
③ 期間特例等、建築時期に応じた課税期間の設定
④ 出口課税に対する対応

賃貸マンションのようにそもそも非課税売上げに対応する固定資産の還付申告については、平成22年度の税制改正により出口課税が強化されたことに伴い、以前に比べるとハードルが高くなりました。しかしながら、事業者の資産状況やタイミングなどによっては還付ができる場合もあり、平成22年度の改正により還付が全くできなくなったわけではありません。この章では、賃貸建物の取得又は建築に伴う消費税の還付について、その概要と注意点をポイントに添って、ケーススタディを交えながら解説します。

　＜還付のポイント＞
　①消費税の納税義務があるか否か
　②還付を受ける課税期間に課税売上げがあるか否か
　③期間特例等、建築時期に応じた課税期間の設定
　④出口課税に対する対応

I　消費税の納税義務の判定

1　概要

　消費税は、商品等の流通の過程において、各取引段階で各事業者が「売上げに係る消費税から仕入れに係る消費税を控除した差額」を消費者にかわって納付する仕組みとなっていますので、本来は国内において消費税の課税取引を行う全ての事業者が納税義務を負うのが理論的であると思います。

　しかしながら、現在の消費税法は、事業者の事務負担等を考慮して一定の期間における課税売上高が1,000万円以下である事業者については消費税の納税義務を免除することとしています。

　不動産賃貸オーナー（不動産管理会社を含む）の場合、住宅家賃が非課税であることから、不動産賃貸オーナーの多くは、消費税の免税事業者（＝消費税を納める義務のない方のことをいいます）になるケースがほとんどであると思います。

　消費税の免税事業者の場合、「売上げに係る消費税＞仕入れに係る消費税」のケースでは消費税を納める必要がないというメリットがありますが、「売上げに係る消費税＜仕入れに係る消費税」のケースでは、もともと申告義務がないことから、その差額の還付を受けることができません。こと還付に関しては、消費税の免税事業者であることが逆にデメリットとなります。

　したがいまして、建物の建築等に係る消費税の還付を受けるための第一段階として、

還付を受けようとする事業者は、少なくとも消費税の課税事業者（＝消費税を納める義務のある方のことをいいます）である必要があります。

2　消費税の課税事業者になる方法

事業者が消費税の課税事業者になる場合を分類してみると以下のとおりとなります。

①基準期間の課税売上高が1,000万円超の場合
②特定期間の課税売上高が1,000万円超の場合
③「消費税課税事業者選択届出書」を提出した場合
④新設法人に該当する場合（法人に限定）

（1）基準期間の課税売上高が1,000万円超の場合

消費税の納税義務の判定は、以下の事業者の区分に応じた基準期間の課税売上高が1,000万円超か否かで判定します。基準期間の課税売上高が1,000万円を超える場合、その事業者は消費税の課税事業者になり、1,000万円以下の場合は、その事業者は免税事業者になります。

イ）事業者が個人の場合…その年の前々年が基準期間になります。

ロ）事業者が法人の場合…その事業年度の前々事業年度（注）が基準期間になります。

(注)　前々事業年度が1年未満の場合、「その事業年度開始の日の2年前の日の前日から同日以後1年を経過する日までの間に開始した各事業年度を合わせた期間」が基準期間になります。なお、この基準期間の課税売上高の計算は、12か月換算して求めます。

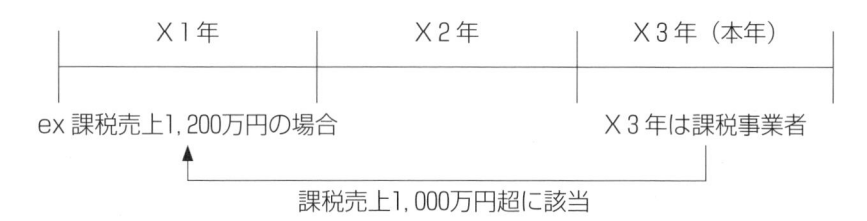

```
       X1年          X2年        X3年（本年）
ex 課税売上1,200万円の場合        X3年は課税事業者
              ↑
        課税売上1,000万円超に該当
```

基準期間の課税売上高が1,000万円超となり、消費税の課税事業者になる事業者が、賃貸マンションの建築等に係る還付を受ける場合は、還付後の課税期間について簡易課税を選択することで、「課税売上割合が著しく変動した場合の調整対象固定資産に関する仕入に係る消費税額の調整」規定の対象から外れます。

（2）特定期間の課税売上高が1,000万円超の場合

平成23年度の税制改正により特定期間という新たな納税義務の判定要素が加わり、そ

の課税期間の基準期間における課税売上高が1,000万円以下であっても、特定期間の課税売上高が1,000万円を超える場合は、消費税の課税事業者になります。

① 事業者が個人の場合…その年の前年1月1日から6月30日までの期間が特定期間になります。

② 事業者が法人の場合…その前事業年度開始の日以後6月の期間が特定期間になります(注)。

(注) 短期事業年度については、第2章のⅡの1（51ページ）を参照してください。

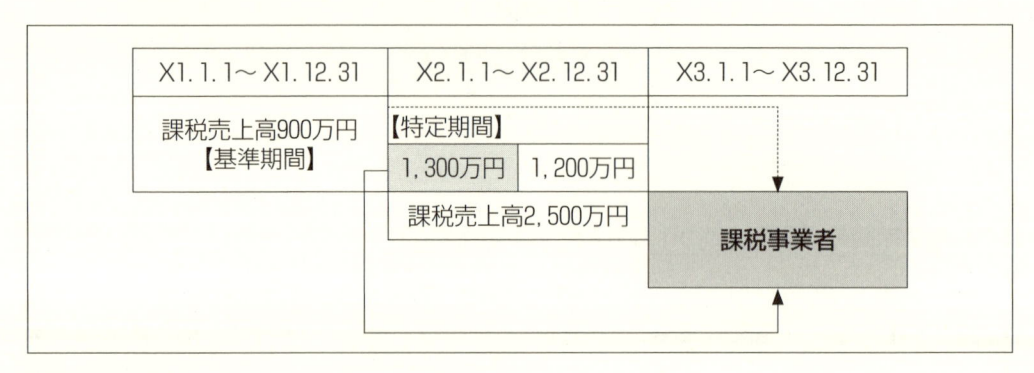

X1.1.1〜X1.12.31	X2.1.1〜X2.12.31	X3.1.1〜X3.12.31
課税売上高900万円【基準期間】	【特定期間】 1,300万円 1,200万円	課税事業者
	課税売上高2,500万円	

■判定の順序

イ) 基準期間の課税売上高が1,000万円以下か否か

→1,000万円超の場合は納税義務あり

⇩ 1,000万円以下の場合は次のステップ

ロ) 特定期間の課税売上高（給与等支払総額による代用可能）が1,000万円以下か否か

→1,000万円以下の場合は納税義務なし

→1,000万円超の場合は納税義務あり

特定期間の課税売上高が1,000万円超となり、消費税の課税事業者になる方が、賃貸マンションの建築等に係る還付を受ける場合は、還付後の課税期間について簡易課税を選択することで、「課税売上割合が著しく変動した場合の調整対象固定資産に関する仕入に係る消費税額の調整」規定の対象から外れます。

(3)「消費税課税事業者選択届出書」を提出した場合

上記（1）及び（2）の判定で免税事業者に該当する方も、「消費税課税事業者選択届出書」を提出することにより課税事業者になることができます。この届出書を提出して課税事業者を選択する事業者は、適用を受けようとする課税期間の初日の前日までに届出書を提出する必要があります。

この届出書を提出したことにより課税事業者になった方は、その届出書を提出した日の属する課税期間の翌課税期間から2年間は、免税事業者に戻ることができません。なお、この課税事業者が強制される2年間に調整対象固定資産の仕入れを行った場合は、調整対象固定資産の仕入れを行った課税期間の初日から3年間は免税事業者に戻ることはできません。また、この期間中は簡易課税制度を選択することができないため、課税売上割合が著しく変動する場合は、「課税売上割合が著しく変動した場合の調整対象固定資産に関する仕入に係る消費税額の調整」規定の対象になります。

(4) 新設法人に該当する場合

　資本金1,000万円以上で設立した法人は、基準期間がない第1期事業年度及び第2期事業年度において強制的に課税事業者となります。なお、この課税事業者が強制される期間中に調整対象固定資産を取得した場合は、調整対象固定資産の仕入れ等を行った課税期間の初日から3年間、課税事業者が強制されることになります。また、この期間中は簡易課税制度を選択することができないため、課税売上割合が著しく変動する場合は、「課税売上割合が著しく変動した場合の調整対象固定資産に関する仕入れに係る消費税額の調整」規定の対象になります。

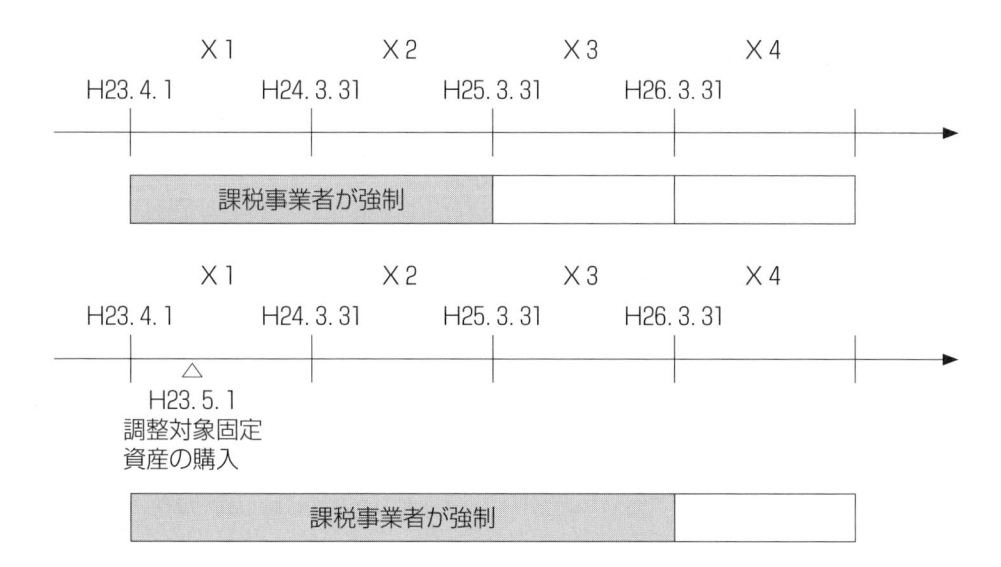

```
                 X1           X2           X3           X4
        H23.4.1      H24.3.31     H25.3.31     H26.3.31
        ────┼───────────┼───────────┼───────────┼───────────►
            │ 課税事業者が強制 │           │           │

                 X1           X2           X3           X4
        H23.4.1      H24.3.31     H25.3.31     H26.3.31
        ────┼───────────┼───────────┼───────────┼───────────►
             △
            H23.5.1
            調整対象固定
            資産の購入
            │   課税事業者が強制   │           │
```

第4章　消費税の還付を受けるための具体策

II　賃貸建物建築に係る消費税の還付の仕組み

　消費税は、売上げに係る消費税から仕入れに係る消費税を差し引いて納付すべき消費税を計算します。建物を建築した場合、売上げに係る消費税よりも仕入れに係る消費税の方が多いことから、その差額を還付することができます。

　ただし、その仕入税額控除の計算上、仕入れに係る消費税がすべて控除することができるとは限りません。消費税は全体の売上高のうちに課税売上高の占める割合（以下「課税売上割合」といいます）に応じ、次の態様別に控除方法が異なります。

課税売上割合	控除方法	
95％以上	全額控除（＊1）	
95％未満	選択	個別対応方式
		一括比例配分方式

（＊1）　課税売上高が5億円超の事業者は、個別対応方式又は一括比例配分方式のいずれかの方法により計算する必要があります。
（＊2）　個別対応方式又は一括比例配分方式については、第1章XI（22ページ）を参照してください。

1　テナントビルの建築に係る消費税につき還付を受ける事業者の場合

　控除方法の選択については、以下のケースが考えられます。

（1）　課税期間の売上げがすべて課税売上げのケース

　課税売上割合は100％となりますので、店舗に係る消費税が全額仕入税額控除として消費税の計算上控除することができます。

（2）　課税期間の課税売上割合が95％未満のケース

　店舗の建築費は課税売上げに対応する経費であるため、個別対応方式を選択することで、店舗の建築に係る消費税が全額仕入税額控除として消費税の計算上控除することができます。

2　賃貸マンションの建築に係る消費税につき還付を受ける事業者の場合

（1）　課税期間の売上げがすべて課税売上げのケース

　住宅の家賃は消費税法上非課税として取り扱われますので、課税期間の売上げがすべて課税売上げになることは普通ありませんが、ケースによっては、課税期間の短縮を選

択（後述。Ⅲ参照）し、非課税売上げが生じない課税期間を作ることができる場合があります。

この場合、課税売上割合は100％となりますので、賃貸マンション建築に係る消費税が全額仕入税額控除として消費税の計算上控除することができます。

（2） 課税期間の課税売上割合が95％未満のケース

賃貸マンションの建築費は非課税売上げに対応する経費であるため、個別対応方式を選択してしまうと、賃貸マンションの建築に係る消費税を控除することができなくなります。そのため、このケースでは一括比例配分方式を選択します。

一括比例配分方式は、すべての課税仕入れに係る消費税額に課税売上割合を乗じて仕入税額控除を計算する方法ですので、そもそも課税売上割合が０の事業者については、還付を受けることはできません。したがいまして、２つ目の還付のポイントとしては、賃貸マンションの場合、還付を受ける課税期間において課税売上げが発生しなければ、課税売上割合が０となり、結果還付を受けることはできないことに注意してください。

3　最近の裁決事例

課税売上げの存否が還付を受ける場合のポイントの一つとなりますが、消費税の還付事案で、課税売上げに該当するか否かが争われた裁決事例を紹介します。

（1） 有料老人ホームの用途として貸し付けた建物の家賃は全体が住宅家賃に当たるとした裁決事例（東京国税不服審判所　平成18年6月1日裁決）

この事案は、介護付有料老人ホームを利用目的として建物を運営会社に賃貸したケースで、その家賃を入居者の居住部分とサービスの提供部分とに区分し課税非課税の判定をするのか、あるいは全体を住宅の貸付けとして非課税として取り扱われるのかが争われた事案です。

国税不服審判所の判断は、入居者が日常生活を送るために必要な場所と認められる部分は、すべて住宅に含まれると解するのが相当とし、介護付有料老人ホームを構成するヘルパーステーション・厨房・事務室・ゲストルームも入居者の円滑な日常生活を送るために必要なものであるとし、住宅の範囲に含まれるとの判断を示しました。

本事案と同様な事案として、平成22年6月25日の裁決事例があります。本事案と同様に、個室・居間・食堂・事務室・宿直室・厨房・スタッフステーションは入居者が日常生活を送る上で必要な部分として非課税売上げに該当すると判断しました。一方、医療

関係者を誘致するために設置した診療所、地域住民の交流のための施設は有料老人ホームの入居者の居住の用に供されておらず、また、入居者に介護サービスを提供するための施設にも該当しないことから課税売上げに該当すると判断しました。

（2） 電力会社から支払を受けた電化手数料を課税対象外取引とした事例（大阪地方裁判所　平成21年11月21日判決）

　この事案は、電力会社から支払を受けた電化手数料が、消費税の課税対象である資産の譲渡等の対価に当たり（消費税の還付を受ける課税期間において、原告には、他に課税売上げはない）、電化手数料に係る消費税額から、同期間中に支払った賃貸マンションの建築請負代金等に係る消費税額を控除できるものとして、消費税の還付申告をした事例です。

　本件事案の争点は、この電化手数料が資産の譲渡等、つまり資産の譲渡及び貸付並びに役務の提供に対する反対給付としての対価に該当するかどうかが争点になりました。本件における電化手数料は、役務の提供の対価としての性質を有しているということはできず、資産の譲渡等の対価には当たらないとし、オール電化を採用したことに対する謝礼又は報奨金として授受されたものと認めるのが相当であると判断しました。

（3） 駐車場等の施設の利用を伴う土地の貸付けに該当するかについて争われた事例（平成20年3月28日裁決）

　消費税の還付案件で、課税売上げとして計上した駐車場が課税売上げに該当するのかあるいは土地の貸付けとして非課税売上げに該当するのかが争われた事例です。この駐車場の状況としては砂利が敷いてあり、無断駐車及び無許可による進入を防止するため2本の鉄骨柱を設置しその間をチェーンでつないでいました。審判所の判断としては、消費税法施行令8条に規定する「駐車場その他施設の利用に伴って土地が使用される場合」に該当するとして本件駐車場収入が、課税売上げに該当すると判断し課税当局の更正処分をすべて取り消した事例です。

Ⅲ 消費税の還付額を高めるための工夫

　前述のとおり、賃貸マンションの建築に係る消費税につき還付を受ける場合は、仕入控除税額の計算上、一括比例配分方式を選択することとなります。一括比例配分方式は課税売上割合を用いて計算することになりますので、課税売上割合の大小によって消費税の還付額にも影響を及ぼします。課税売上割合が大きくなればなるほど、仕入税額控除が大きくなり、還付を受ける消費税も大きくなります。

　ここでのポイントは、課税売上割合に比例して還付を受ける消費税も増加するということです。おさらいとして、まず課税売上割合の計算式を簡単に確認してみましょう。

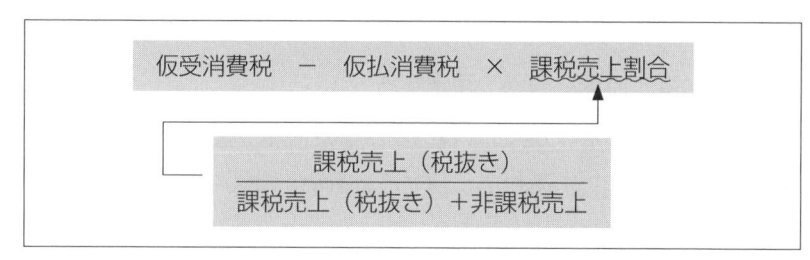

$$仮受消費税 － 仮払消費税 \times 課税売上割合$$

$$課税売上割合 = \frac{課税売上（税抜き）}{課税売上（税抜き）＋非課税売上}$$

　上記課税売上割合の計算式を見てもらうと、住宅家賃や地代といった非課税売上が大きくなれば課税売上割合は小さくなり、逆に非課税売上げが少なければ、課税売上割合は大きくなります。つまり、還付を受ける課税期間において非課税売上げをいかに抑えるかが、より多く消費税の還付を受けるためのポイントであるといえます。

1　課税期間を短縮する

　消費税の計算は、所得税や法人税の計算と同様に暦年単位（法人の場合は事業年度単位）で行うのが原則です。ただし、「消費税課税期間特例選択・変更届出書」を提出した場合には、消費税の計算期間である課税期間を3か月ごと又は1か月ごとに短縮することができます。なお、この場合において、「消費税課税期間特例選択・変更届出書」はその適用を受けようとする課税期間の開始の日の前日までに納税地の所轄税務署長へ提出する必要があります。ただし、課税期間の特例を選択した場合には、2年間継続して適用を受けなければなりません。

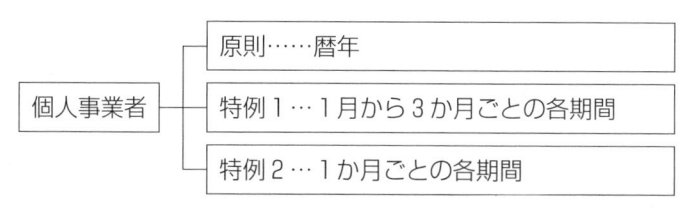

個人事業者
├─ 原則……暦年
├─ 特例1…1月から3か月ごとの各期間
└─ 特例2…1か月ごとの各期間

例えば、従来より駐車場経営をされている個人事業者（その他の収入はないものとします）が、X年3月31日引渡しの賃貸マンションを建築し、引渡しを受ける場合を想定すると、「消費税課税期間特例選択・変更届出書」を提出し、課税期間を3か月に短縮することで、このケースでは課税売上割合を100%にすることができます。

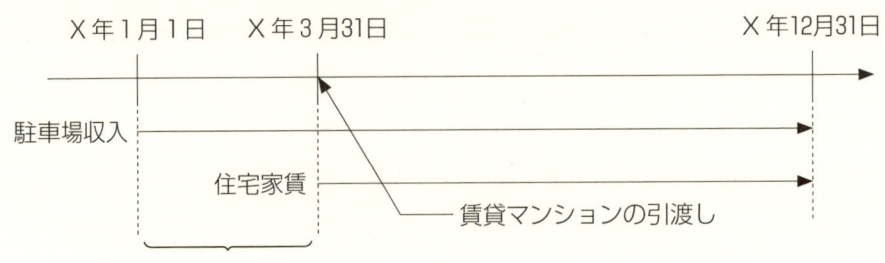

```
            X年1月1日    X年3月31日                              X年12月31日
              ├─────────────┼──────────────────────────────────────┤
        駐車場収入 ──────────────────────────────────────────────→
              ├─────────────┤
              住宅家賃
                         └─ 賃貸マンションの引渡し
```

還付を受ける課税期間（X年1月1日からX年3月31日まで）において非課税売上が発生しない。

2　非課税売上げの確定時期について注意する

　上記1において、課税期間の短縮について説明させていただきましたが、賃貸マンションの建築等に係る消費税の還付については、建物の建築時期、売上げ（地代家賃や礼金等）の認識時期、賃貸借契約の条件等から、課税売上割合が最大限大きくなるように還付を受ける課税期間をどう設定するのか検討する必要があります。

　なお、賃貸借契約の条件の例としては、賃貸マンションを借上げ業者に一括借上げしてもらうケースで、2か月から3か月の免責期間（借上家賃がオーナーに入らない期間）を設けている場合があります。また、入居の促進の観点から、1月程度のフリーレント期間を設けて入居者と賃貸借契約を締結する場合もあります。こういった賃貸借契約の条件を活かして非課税売上げが極力入り込まない課税期間を設定します。また、地代家賃や礼金等の認識時期については、個人法人、経理方法により、認識時期が異なるケースがありますのでその点についても注意をしてください。

（1）家賃や地代の認識時期

　賃貸借契約に基づいて支払われる使用料等の額については、前受金部分を除き、契約又は慣習によってその支払を受けるべき日（支払期日）において、家賃や地代を認識するルールとなっています。

　ここでは、支払期日が到来していても前受金部分を除くことになりますので、期間損益計算を重視とした法人の取扱いと、権利確定を重視した個人の取扱いが異なりますので、家賃や地代を認識する時期について注意をしてください。

① 個人
　原則…支払期日
　例外…期間損益計算（前受未収経理を継続して実施する場合に限ります）
② 法人
　期間損益計算

　一般的な不動産賃貸借契約の場合、契約書の家賃等支払期日が「当月分を前月末日までに支払う」という条項になっているケースが多いと考えられます。例えば、この契約形態で、3月分の家賃の計上時期を考えると、個人の場合は、原則支払期日が2月末日に到来することになりますので2月末が家賃の認識時期となり、例外的に前受未収経理をしている場合は3月が家賃の認識時期となります。法人の場合は、3月分の家賃は3月に認識されます。

（2） 礼金、敷引等の認識時期

　建物等の賃貸借契約等の締結等にあたっては、通常、保証金や敷金・礼金が授受されますが、これらの内、返還しない部分だけが家賃と同様に資産の貸付け対価として消費税の課税対象となります（住宅の場合は非課税）。また、これらが課税売上げに該当する場合の計上時期については、返還しないことが確定した時期となります。

　なお、返還しないことが確定した時期については、消費税については明文規定はありませんが、基本的にその取扱いは、個人の場合は所得税、法人の場合は法人税の規定に準拠されると考えられます。

個人の場合（所得税の取扱い　所基通36―6）
　原則：物件の引渡しのあった日
　例外：契約効力発生の日

法人の場合（法人税の取扱い）
　物件の引渡しのあった日（東京高等裁判所昭和47年（行コ）第65号）

設例

従来より駐車場経営を行っている個人事業者が、新たに遊休地に賃貸マンションを建築しました。

①	平成26年11月1日賃貸マンション竣工引渡し ※建築工事請負契約は平成25年10月1日以後に締結している。	
②	業者との間で、一括借上契約を締結している（免責期間2か月）。	
③	建築価格（税込金額）	162,000,000円
④	1か月のマンション賃貸料（非課税売上）	1,000,000円
⑤	1か月の既存の駐車場収入（課税売上）	100,000円
⑥	基準期間の課税売上高 ＊基準期間中に賃貸用倉庫を2,000万円で同族法人に売却済み	20,000,000円

＜課税期間を短縮しなかった場合＞

項目	内訳	金額	備考
課税売上	駐車場収入	1,200,000円	100,000円×12か月
合計		1,200,000円	

項目	内訳	金額	備考
非課税売上	住宅家賃	2,000,000円	1,000,000円×2か月
合計		2,000,000円	

$$課税売上割合 = \frac{\overset{課税売上げ}{100,000円×3か月×100/105} + \overset{課税売上げ}{100,000×9か月×100/108}}{\underset{課税売上げ}{100,000円×3か月×100/105} + \underset{課税売上げ}{100,000円×9か月×100/108} + \underset{非課税売上げ}{2,000,000円}}$$

（約35.87％）

① 課税標準額

　（イ）1月から3月

　　（100,000円×3か月）×100/105＝285,000円（千円未満切捨）

　（ロ）4月から12月

　　（100,000円×9か月）×100/108＝833,000円（千円未満切捨）

② 課税売上げに係る消費税額

　（イ）1月から3月

　　285,000円×5％＝14,200円（百円未満切捨）

（ロ）10月から12月

　　833,000円×8％＝66,600円（百円未満切捨）

　（ハ）合計

　　（イ）＋（ロ）＝80,800円

③　仕入税額控除（一括比例配分方式）

　162,000,000円（新築マンション工事費）×8／108＝12,000,000円

　12,000,000円×35.87％＝4,304,400円

④　納付税額

　②の（ハ）－③＝4,223,600円

＜課税期間を短縮した場合＞

「消費税課税期間特例選択届出書」を提出し、平成26年10月から課税期間を3か月に短縮する。

項目	内訳	金額	備考
課税売上	駐車場収入	300,000円	100,000円×3か月
合計		300,000円	

項目	内訳	金額	備考
非課税売上	住宅家賃	0円	免責期間のため家賃は発生しない
合計		0円	

$$課税売上割合 = \frac{\underset{課税売上げ}{300,000円×100／108}}{\underset{課税売上げ\quad 非課税売上げ}{300,000円×100／108＋0円}} \;(100\%)$$

①　課税売上げに係る消費税額

　（イ）課税標準額

　　300,000円×100／108＝277,000円（千円未満切捨）

　（ロ）課税売上げに係る消費税額

　　277,000円×8％＝22,100円（百円未満切捨）

②　仕入税額控除（一括比例配分方式）

　162,000,000円（新築マンション工事費）×8／108＝12,000,000円

　12,000,000円×100％＝12,000,000円

③　還付税額　①の(ロ)－②＝▲11,977,900円

Ⅵ 出口課税に対する対応

1 調整対象固定資産

　消費税の計算は、課税売上げに係る消費税額から課税仕入れに係る消費税額を控除して求めますが、課税仕入れに係る消費税額は全額が必ずしも控除されるわけではなく、還付を受ける課税期間の課税売上割合の大小が控除額に影響します。

　例えば、下記の前提条件で賃貸マンションの建築に係る消費税につき還付申告をする場合、期間特例等により家賃の確定時期に工夫を加えることで、還付を受ける課税期間の課税売上割合を一時的に100％にすることができますが、その課税期間を除く課税期間については、住宅家賃が非課税であることから課税売上割合は20％となり、本来あるべき（期間特例等による工夫を講じない場合）課税売上割合は20％といえると思います。

<前提条件>
・経営者は個人オーナー
・以前から月極駐車場として賃貸しており、月額20万円（税抜き）
・賃貸アパートを平成Ｘ１年２月15日に建築（建築価額は１億円（税抜き））。家賃は月額80万円（Ｘ１年２月分はフリーレント）

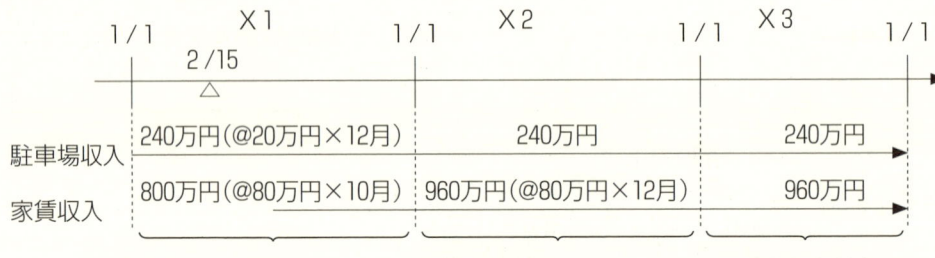

```
              1/1    X1      1/1     X2      1/1     X3     1/1
                     2/15
                      △
駐車場収入     240万円(@20万円×12月)   240万円          240万円
家賃収入       800万円(@80万円×10月)   960万円(@80万円×12月)  960万円

           課税売上割合約23%           課税売上割合20%      課税売上割合20%
           240万円÷(240万円+800万円)  240万円÷(240万円+960万円)
```

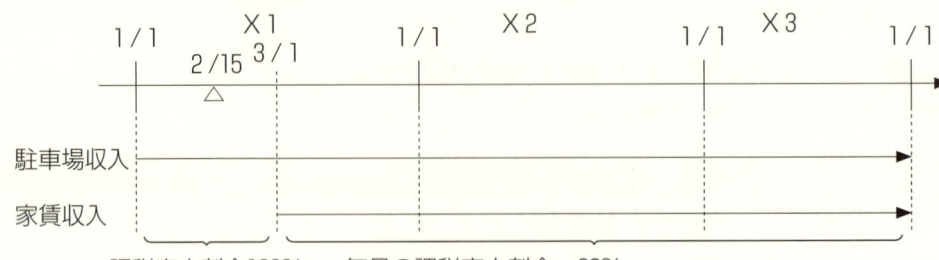

```
              1/1    X1      1/1     X2      1/1     X3     1/1
                     2/15 3/1
                      △
駐車場収入     
家賃収入       

           課税売上割合100%   毎月の課税売上割合　20%
                            @20万円÷(@80万円+@20万円)
                            消費税課税期間特例選択届出書（１月特例）を提出
                            し、Ｘ１年３月から１月に課税期間を選択している。
```

賃貸用建物などの固定資産のように長期間にわたって使用されるものについては、課税仕入れを行ったときの状況のみで税額控除を完結させてしまうことは、その後の資産の使用形態の変更（転用）やその後の課税売上割合の著しい変動を考慮すると必ずしも適切な方法でないという趣旨で、調整対象固定資産と呼ばれる固定資産について、3年という期間に限り、一定の方法により仕入れに係る消費税額を調整することとしています。調整対象固定資産とは、棚卸資産以外の資産で税抜きの当該資産の課税標準である金額が100万円以上のものをいいますので、賃貸マンションも調整対象固定資産に該当します。

　賃貸マンションの建築に係る消費税につき、上記の事例のように還付を受ける課税期間に工夫を加え課税売上割合を大きくする場合、この調整の規定に抵触する可能性があり、還付を受けることができても、3年後の課税期間において還付を受けた消費税が精算される可能性がありますので、この出口課税については細心の注意を払う必要があるといえます。

　調整対象固定資産を取得し、還付を受ける課税期間の課税売上割合と、3年間の通算課税売上割合を比較し、異常（著しく変動）と判定されると、この調整規定の対象になります。上記の事例をもとに、この調整規定を確認していくと以下のとおりとなりますので、ここではまず大体のイメージをつかんでください。なお、この調整規定の概要については25ページの第1章のⅫにてご確認ください。

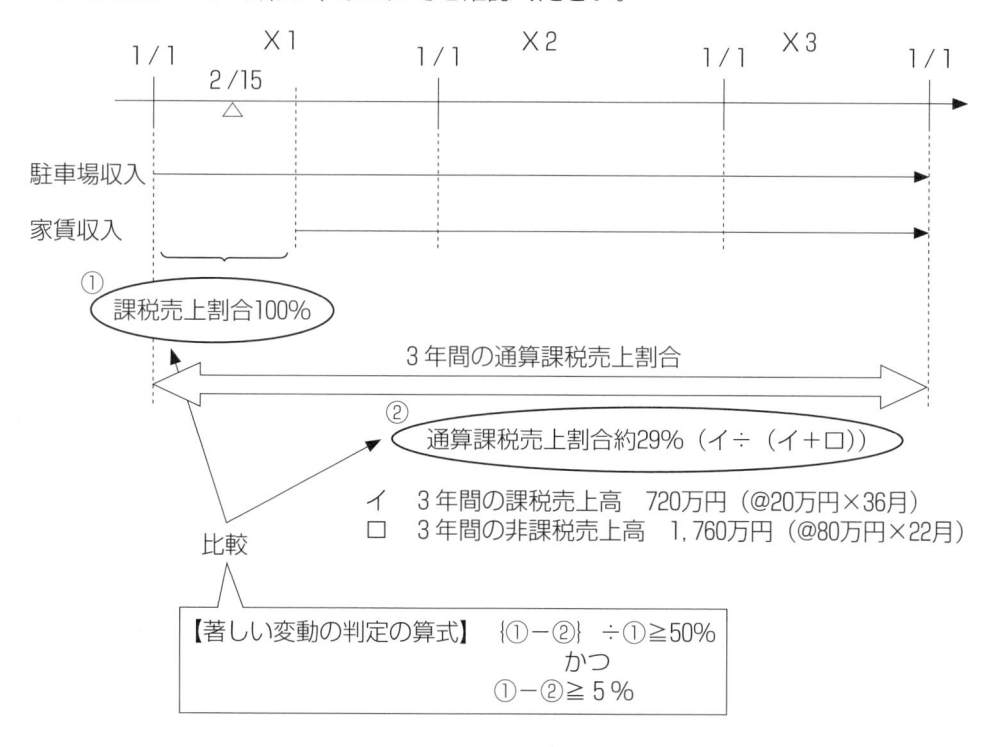

①　課税売上割合100％

②　通算課税売上割合約29％（イ÷（イ＋ロ））

イ　3年間の課税売上高　720万円（＠20万円×36月）
ロ　3年間の非課税売上高　1,760万円（＠80万円×22月）

【著しい変動の判定の算式】　$\{①-②\} \div ① \geq 50\%$
かつ
$①-② \geq 5\%$

この事例につき、2つの判定算式に当てはめると、両方の判定式の条件に該当することになり、この事例のケースでは、この調整規定の対象となり、3年目の課税期間であるX3年の12月分の課税期間において、調整が行われます。具体的には、事例のケースでは建築価額が1億円ですので、568万円（1億円×8％×還付を受けた課税期間の課税売上割合100％－1億円×8％×通算課税売上割合29％）が、X3年の12月分の課税期間の課税売上高に加算されます。そのため、還付申告時に仕入税額控除として認識した消費税800万円のうち568万円をX3年12月の課税期間で納税することになり、このケースでは、結果的に還付の効果は差額の232万円だったといえます。

2　調整規定の例外

　前述のとおり、調整対象固定資産を取得し、還付を受けた課税期間の課税売上割合と通算課税売上割合との比較で、著しい変動と判定されると、第3年度の課税期間において還付を受けた消費税の調整が行われます。しかしながら、下記に該当するものにつきましては、著しい変動であっても、この調整規定の対象になりません。

【POINT】
調整規定の対象にならないもの
第3年度の課税期間において
　① 免税事業者
　　　又は
　② 簡易課税を選択している課税事業者

　例えば、賃貸マンションの建築に係る消費税の還付を受け、第3年度の課税期間においてこの調整規定の対象から外れるためには、免税事業者になるか、簡易課税を選択すればいいことになります。
　しかしながら、一定の条件下で課税事業者から免税事業者になる場合、又は一般課税から簡易課税を選択する場合は、別に特別のルールが設けられており、この特別のルールの影響で、現行法上、この調整規定の包囲網から外れることが難しくなりました。
　この特別のルールを確認すると、以下のとおりとなります。

> 【特別のルールその1】
> 　次の期間中に、調整対象固定資産を取得した場合は、調整対象固定資産の取得した課税期間を含む3年間は、自動的に課税事業者が強制されます（＝免税事業者になれません）。
> 　①消費税課税事業者選択届出書の提出による課税事業者強制期間
> 　②基準期間のない資本金1千万円以上の新設法人における課税事業者強制期間

(1) 消費税課税事業者選択届出書の提出による課税事業者強制期間

① 通常の場合

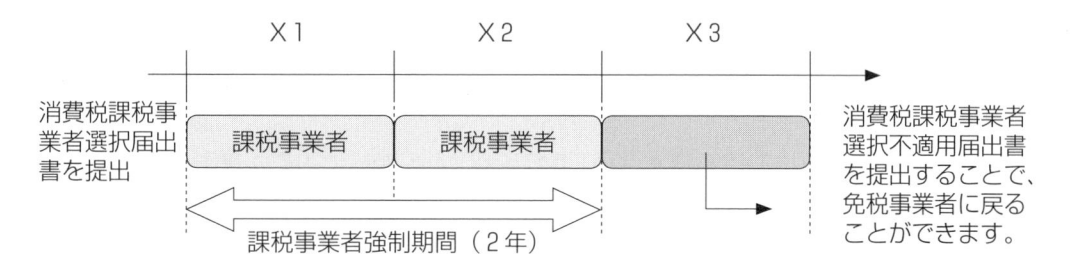

```
                X1           X2           X3
消費税課税事  ┌─────────┬─────────┬─────────┐   消費税課税事業者
業者選択届出  │ 課税事業者 │ 課税事業者 │         │   選択不適用届出書
書を提出     └─────────┴─────────┴─────────┘   を提出することで、
              ←──── 課税事業者強制期間（2年）────→    免税事業者に戻る
                                                   ことができます。
```

　消費税課税事業者選択届出書を提出し、課税事業者になった事業者は、選択届出書の提出があった課税期間の翌課税期間の初日から2年間は免税事業者に戻ることができません。上記の図で確認すると、X1及びX2の期間は免税事業者に戻ることができません。しかしながら、X3年以降免税事業者に戻りたい場合は、X3年の初日の前日までに消費税課税事業者選択不適用届出書を提出することにより免税事業者に戻ることができます。

② 調整対象固定資産に係る特別ルール

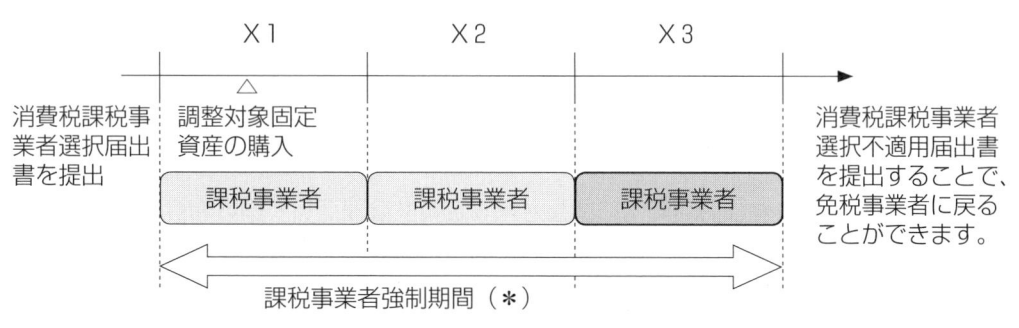

```
                X1           X2           X3
                △
消費税課税事  調整対象固定                              消費税課税事業者
業者選択届出  資産の購入                                選択不適用届出書
書を提出     ┌─────────┬─────────┬─────────┐   を提出することで、
             │ 課税事業者 │ 課税事業者 │ 課税事業者 │   免税事業者に戻る
             └─────────┴─────────┴─────────┘   ことができます。
              ←──── 課税事業者強制期間（＊）────→
```

　　　　　　　　　　（＊）調整対象固定資産を購入した課税期間の初日から3年間

　上記①の課税事業者強制期間内に調整対象固定資産を取得している場合は、調整対象固定資産を購入した課税期間の初日から3年間、課税事業者が強制されることになり、

111

免税事業者に戻ることができません。なお、上記図のＸ１の課税期間につき簡易課税を選択し申告している場合は、Ｘ３年においてこの特別ルールの適用を受けることはありません。

（２） 基準期間のない資本金１千万円以上の新設法人における課税事業者強制期間
① 通常の場合

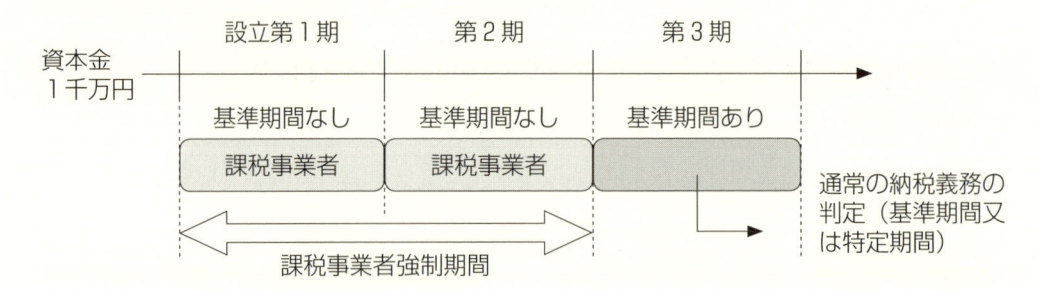

事業年度開始の日における資本金が1,000万円以上の新設法人で、基準期間のない事業年度におきましては、自動的に課税事業者が強制されます。上記の図では、設立第１期及び第２期は基準期間がありませんので、課税事業者に該当します。第３期は基準期間がありますので、通常どおり納税義務を判定します。

② 調整対象固定資産に係る特別ルール

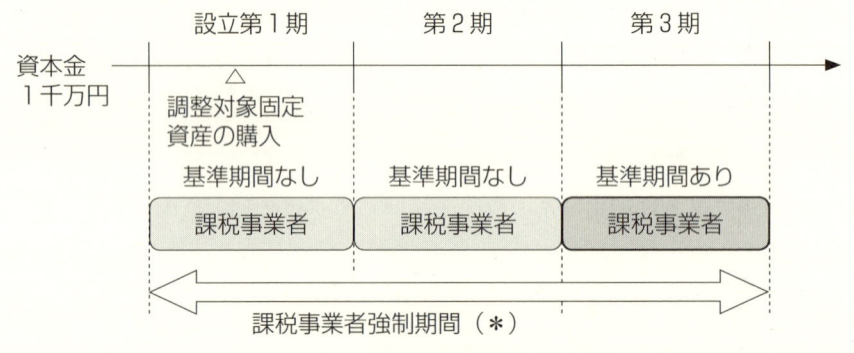

（＊）調整対象固定資産を購入した課税期間の初日から３年間

上記①の課税事業者強制期間内に調整対象固定資産を取得している場合は、調整対象固定資産を購入した課税期間の初日から３年間、課税事業者が強制されることになり、免税事業者に戻ることができません。なお、上記図の設立第１期の課税期間につき簡易課税を選択し申告している場合は、設立第３期の課税期間においてこの特別ルールの適用を受けることはありません。

【特別のルールその2】
　特別ルールその1に記載の課税事業者強制期間内は簡易課税制度を選択することができません。

3　特別ルールが適用されないケース

　上記2のとおり、賃貸マンションの建築に係る消費税につき還付を検討する場合、必ず出口課税である調整規定を頭に入れて、還付スキームを組み立てる必要があります。特別ルールが導入された平成22年度の税制改正以降、容易に免税事業者になったり又は簡易課税を選択することができなくなったことから、安易に還付を受けると、調整規定の対象になる可能性が高いと思われます。

　ただし、すべての還付スキームができなくなるわけではなく、以下のようなケースでは免税事業者又は簡易課税を選択することにより調整規定の適用を回避することができますので、その他の条件さえ整えば、調整規定の適用を受けることなく賃貸マンションの建築に係る消費税の還付を受けることができます。

①	消費税課税事業者選択届出書を提出し課税事業者を選択した事業者で、課税事業者強制期間（2年）経過した日後に賃貸マンション等の新築・取得をした場合
②	資本金1,000万円以上の法人を設立し、設立以後2事業年度（基準期間がない事業年度）を経過した日後に開始する課税期間中に賃貸マンション等の新築・取得をした場合
③	課税事業者を選択することなく基準期間の課税売上高が1,000万円を超え課税事業者と判定される事業者が、その課税期間中に賃貸マンション等の新築・取得をした場合
④	課税事業者を選択することなく特定期間の課税売上高が1,000万円を超え課税事業者と判定される事業者が、その課税期間中に賃貸マンション等の新築・取得をした場合

　具体的なスキームはケーススタディ（後述）で確認していきます。

　なお、課税事業者選択届出書を提出して課税事業者になった事業者が、課税事業者強制期間内に調整対象固定資産を取得しても、以下のケースにおいては、この調整規定の適用は受けません。ただし、課税事業者強制期間中は、簡易課税を選択することができませんのでご注意ください。

	内容	具体例
①	著しく課税売上割合が変動しない場合	賃貸マンションに係る消費税の還付につき、期間特例等を活用して課税売上割合を高める処置を講じなかった場合等が考えられます。
②	個別対応方式により仕入税額控除を計算する場合	テナント等の非居住物件の建築又は取得に係る消費税の還付をする場合が考えられます。

Ⅴ 消費税還付後の課税期間の処理について

　消費税の仕入税額控除の計算は、原則として、実際の課税仕入れを基に計算することになりますが、中小事業者の事務負担を考慮して、例外として課税売上げを基に簡易的に仕入税額控除を計算する方法があります。この仕入税額控除の例外的計算方法のことを簡易課税といいます（簡易課税の詳細は27ページのⅩⅢを参照してください）。

　簡易課税は、課税売上げに係る消費税にみなし仕入率を乗じて仕入税額控除の計算をします。したがいまして、実際の課税仕入れの額は計算上関係ないため、建物建築に係る消費税の還付をする場合は、この簡易課税を選択すると、還付を受けることができなくなります。

　逆に、還付を受けた課税期間の翌課税期間以降について考察すると、一般的には、一般課税よりも簡易課税を選択した方が有利となります。理由としては、不動産賃貸業の一般的な経費をみた場合、ほとんどが減価償却費や借入金の利子、固定資産税等の租税公課といった消費税の課税仕入れにならない経費が多く占めているからです。ただし、簡易課税を選択すると2年間は簡易課税を続ける必要がありますので、大型修繕等の支出が今後予定されている場合などは、簡易課税の選択を検討する際に注意してください。

Ⅵ 店舗用建物、倉庫・工場取得時の対策

　店舗用建物や工場・倉庫を取得した場合、その家賃収入が消費税法上は、課税取引となることから、消費税の還付を受けられる可能性が高くなります。

設例1

■免税事業者である個人事業者が課税事業者を選択して貸店舗を建築する場合

免税事業者である個人事業者が、新たに遊休地に貸店舗を建築しました。

1 前提条件

> （1） 新たに建築する貸店舗の概要
> 　① 建築工事請負契約締結日　平成26年2月1日
> 　② 竣工引渡し　平成26年8月1日
> 　③ 賃貸借契約開始日　平成26年8月1日
> 　④ 建築価格（税込金額）　108,000,000円
> 　⑤ 1か月の店舗賃貸料（税込金額）　1,080,000円（平成27年10月1日以降1,100,000円）
> （2） 既存の収入はないものとします。
> （3） 計算を簡便にするため建物以外の課税仕入れについては考慮しておりません。

2 「消費税課税事業者選択届出書」の提出期限と効力発生時期

現状、個人事業者は免税事業者であり、免税事業者のままでは、貸店舗の建築に係る消費税の還付を受けることができません。

そこで、「消費税課税事業者選択届出書」を提出することで、その届出書の提出があった日の属する課税期間の翌課税期間以後の各課税期間から課税事業者になることができます。

しかし、消費税課税事業者選択届出書を提出した日の属する課税期間が「国内において課税資産の譲渡等に係る事業を開始した日」の属する課税期間である場合には、その課税期間から課税事業者になることが可能です。

この「国内において課税資産の譲渡等に係る事業を開始した日」については、「課税資産の譲渡等を開始した日」と規定されているわけではありません。つまり、事業を行うために必要な契約等の準備行為を行った日も「国内において課税資産の譲渡等に係る事業を開始した日」に含まれると考えられます。

したがって、平成26年中に「消費税課税事業者選択届出書」を提出することで、平成26年は課税事業者となり、貸店舗の竣工日を含む平成26年において、消費税の還付を受

けることができます。

しかし、平成22年度の消費税改正により、調整対象固定資産の仕入れ等を行った課税期間の初日から3年を経過する日の属する課税期間の初日以後でなければ、消費税課税事業者選択不適用届出書を提出することができないため、平成28年まで一般課税による消費税の申告が必要となります。

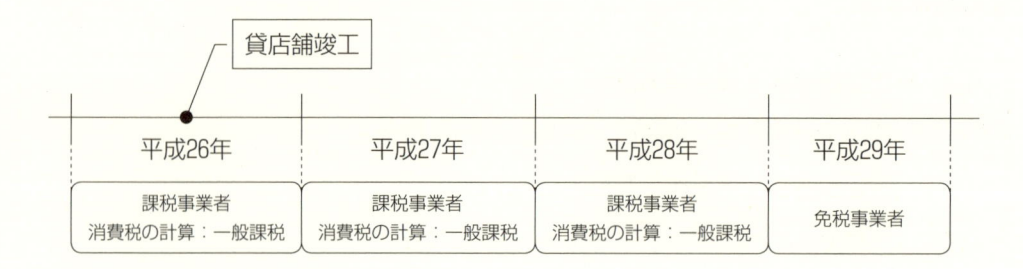

```
        貸店舗竣工
         ●
┌─────────┬─────────┬─────────┬─────────┐
│  平成26年  │  平成27年  │  平成28年  │  平成29年  │
├─────────┼─────────┼─────────┼─────────┤
│  課税事業者  │  課税事業者  │  課税事業者  │  免税事業者  │
│消費税の計算:│消費税の計算:│消費税の計算:│          │
│  一般課税  │  一般課税  │  一般課税  │          │
└─────────┴─────────┴─────────┴─────────┘
```

3 平成26年の消費税の計算

① 課税標準額

（1,080,000円×5か月）×100／108＝5,000,000円（千円未満切捨）

② 課税売上げに係る消費税額

5,000,000円×8％＝<u>400,000円</u>

③ 仕入税額控除

108,000,000円（貸店舗工事費）×8／108＝<u>8,000,000円</u>

④ 還付税額

②－③＝<u>△7,600,000円</u>

4 平成27年、平成28年の消費税の計算

＜平成27年＞

① 課税標準額

（イ）1月から9月

（1,080,000円×9か月）×100／108＝9,000,000円（千円未満切捨）

（ロ）10月から12月まで

（1,100,000円×3か月）×100／110＝3,000,000円（千円未満切捨）

② 課税売上げに係る消費税額

（イ）1月から9月

9,000,000円×8％＝720,000円

（ロ）10月から12月

3,000,000円×10％＝300,000円

（ハ）合計

（イ）＋（ロ）＝1,020,000円

③ 仕入税額控除

0円

④ 納付税額

②の（ハ）－③＝1,020,000円

＜平成28年＞

① 課税標準額

(1,100,000円×12か月)×100／110＝12,000,000円（千円未満切捨）

② 課税売上に係る消費税額

12,000,000円×10％＝1,200,000円

③ 仕入税額控除

0円

④ 納付税額

②－③＝1,200,000円

＜2年間の合計納付税額＞

1,020,000円＋1,200,000円＝2,220,000円

設例 2

■資本金1,000万円以上で設立した法人が貸店舗を建築する場合

資本金1,000万円以上で設立した法人が、貸店舗を建築しました。

1 前提条件

> （1） 新たに設立された法人の第1期は平成26年1月1日から平成26年12月31日とします。
> （2） 新たに建築する貸店舗の概要
>   ① 建築工事請負契約締結日　平成26年2月1日
>   ② 竣工引渡し　平成26年8月1日
>   ③ 賃貸借契約開始日　平成26年8月1日
>   ④ 建築価格（税込金額）　108,000,000円
>   ⑤ 1か月の店舗賃貸料（税込金額）　1,080,000円（平成27年10月1日以降 1,100,000円）
> （3） 既存の収入はないものとします。
> （4） 計算を簡便にするため建物以外の課税仕入れについては考慮しておりません。

2 納税義務の判定

資本金1,000万円以上で設立した法人は、基準期間がない第1期事業年度及び第2期事業年度において強制的に課税事業者となります。

この課税事業者が強制される期間中に調整対象固定資産を取得した場合は、調整対象固定資産の仕入れ等を行った課税期間の初日から3年間、課税事業者が強制されることになります。なお、この期間中は簡易課税制度を選択することができません。（平成22年度消費税税制改正より）

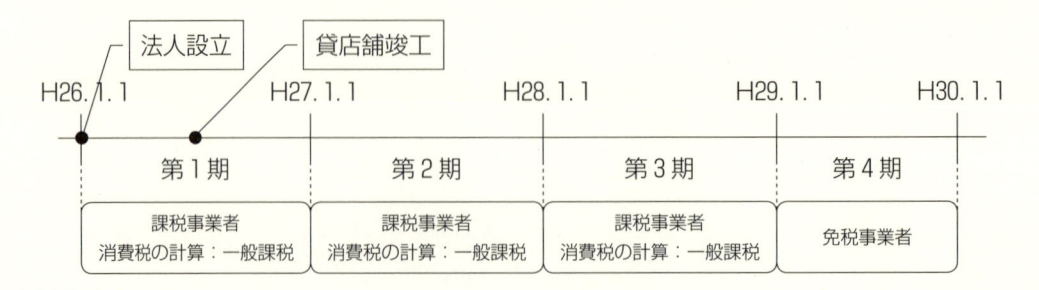

	第1期	第2期	第3期	第4期
H26.1.1 〜 H27.1.1 〜 H28.1.1 〜 H29.1.1 〜 H30.1.1	課税事業者 消費税の計算：一般課税	課税事業者 消費税の計算：一般課税	課税事業者 消費税の計算：一般課税	免税事業者

法人設立：H26.1.1
貸店舗竣工：H26.8.1

3 第1期の消費税の計算

① 課税標準額

　（1,080,000円×5か月）×100／108＝5,000,000円（千円未満切捨）

② 課税売上げに係る消費税額

　5,000,000円×8％＝<u>400,000円</u>

③ 仕入税額控除

　108,000,000円（貸店舗工事費）×8／108＝<u>8,000,000円</u>

④ 還付税額

　②－③＝<u>△7,600,000円</u>

4 第2期、第3期の消費税の計算

＜第2期＞

① 課税標準額

　（イ）1月から9月

　　（1,080,000円×9か月）×100／108＝9,000,000円（千円未満切捨）

　（ロ）10月から12月

　　（1,100,000円×3か月）×100／110＝3,000,000円（千円未満切捨）

② 課税売上げに係る消費税額

　（イ）1月から9月

　　9,000,000円×8％＝720,000円

　（ロ）10月から12月

　　3,000,000円×10％＝300,000円

　（ハ）合計

　　（イ）＋（ロ）＝<u>1,020,000円</u>

③ 仕入税額控除

　<u>0円</u>

④ 納付税額

　②の（ハ）－③＝<u>1,020,000円</u>

＜第3期＞

① 課税標準額

　（1,100,000円×12か月）×100／110＝12,000,000円（千円未満切捨）

② 課税売上げに係る消費税額

12,000,000円×10％＝1,200,000円

③ 仕入税額控除

0円

④ 納付税額

②－③＝1,200,000円

＜第2期、第3期の合計納付税額＞

1,020,000円＋1,200,000円＝2,220,000円

設例3

■既存の地代収入（非課税売上げ）がある場合に、課税事業者を選択して貸店舗を建築する場合

従来より地代収入（非課税売上げ）がある個人事業者が、新たに遊休地に貸店舗を建築しました。

1 前提条件

（1） 既存の地代収入（非課税売上げ）は月額1,000,000万円とします。

（2） 新たに建築する貸店舗の概要

① 建築工事請負契約締結日　平成26年2月1日

② 竣工引渡し　平成26年8月1日

③ 賃貸借契約開始日　平成26年8月1日

④ 建築価格（税込金額）　108,000,000円

⑤ 1か月の店舗賃貸料（税込金額）　1,080,000円（平成27年10月1日以降1,100,000円）

（3） 計算を簡便にするため建物以外の課税仕入れについては考慮しておりません。
---

2 消費税課税事業者選択届出書の提出

貸店舗建築前においては、個人事業者は地代収入（非課税売上げ）しかなく、免税事業者となります。しかし、免税事業者のままでは、貸店舗の建築に係る消費税の還付を受けることができません。

そこで、「消費税課税事業者選択届出書」を提出することで、課税事業者になる必要があります。

3　個別対応方式による消費税の計算

　消費税の課税事業者となった場合に、貸店舗の竣工引渡し日を含む課税期間の消費税の計算においては、既存の地代収入（非課税売上げ）があるため、課税売上割合は95%未満となります。課税売上割合が95%未満の場合、一括比例配分方式又は個別対応方式により消費税の計算をしなければなりません。

平成26年の課税売上割合の計算

$$\frac{貸店舗収入（540万円 \times 100/108）}{貸店舗収入（540万円 \times 100/108）+ 地代収入（1,200万円）} = 約29.41\%$$

　一括比例配分方式は、すべての課税仕入れに係る消費税額に課税売上割合を乗じて仕入控除税額を計算するため、建築費に係る消費税の一部しか還付を受けることができません。

　しかし、個別対応方式は、課税仕入れ等について、①課税資産の譲渡等にのみ要するもの、②非課税資産の譲渡等にのみ要するもの、③これらに共通して要するものに区分し、これらの区分に応じて仕入控除税額を計算ため、貸店舗の建築費は全額課税資産の譲渡等にのみ要するものとして、消費税の計算をすることができます。

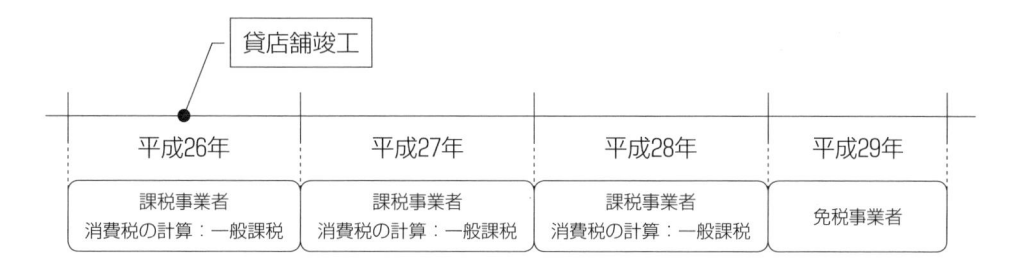

平成26年	平成27年	平成28年	平成29年
課税事業者 消費税の計算：一般課税	課税事業者 消費税の計算：一般課税	課税事業者 消費税の計算：一般課税	免税事業者

（貸店舗竣工：平成26年）

4　平成26年の消費税の計算

① 課税標準額

　（1,080,000円×5か月）×100/108＝5,000,000円（千円未満切捨）

② 課税売上げに係る消費税額

　5,000,000円×8%＝<u>400,000円</u>

③ 仕入税額控除（個別対応方式）

　108,000,000円（貸店舗工事費）×8/108＝<u>8,000,000円</u>

④ 還付税額

　②－③＝<u>△7,600,000円</u>

5 平成27年、平成28年の消費税の計算

＜平成27年＞

① 課税標準額

　（イ）1月から9月

　　（1,080,000円×9か月）×100／108＝9,000,000円（千円未満切捨）

　（ロ）10月から12月

　　（1,100,000円×3か月）×100／110＝3,000,000円（千円未満切捨）

② 課税売上げに係る消費税額

　（イ）1月から9月

　　9,000,000円×8％＝720,000円

　（ロ）10月から12月

　　3,000,000円×10％＝300,000円

　（ハ）合計

　　（イ）＋（ロ）＝1,020,000円

③ 仕入税額控除（個別対応方式）

　0円

④ 納付税額

　②の（ハ）－③＝1,020,000円

＜平成28年＞

① 課税標準額

　（1,100,000円×12か月）×100／110＝12,000,000円（千円未満切捨）

② 課税売上に係る消費税額

　12,000,000円×10％＝1,200,000円

③ 仕入税額控除（個別対応方式）

　0円

④ 納付税額

　②－③＝1,200,000円

＜2年間の合計納付税額＞

1,020,000円＋1,200,000円＝2,220,000円

6 法人名義で建築する場合

　上記の設例では、個人事業者を前提に検討しておりますが、建築主が法人となった場

合であっても、上記1の前提条件が整っていれば、法人で消費税の還付を受けることも可能と考えられます。

設例 4

■既存の賃貸マンションの家賃収入（非課税売上げ）がある場合に、基準期間に賃貸マンションを譲渡し、貸店舗を建築する場合

従来より賃貸マンションの経営をしている個人事業者が、新たに遊休地に貸店舗を建築しました。

1　前提条件

（1）既存の賃貸マンションの譲渡価額は20,000,000円とします。
（2）新たに建築する貸店舗の概要
　　① 建築工事請負契約締結日　平成27年2月1日
　　② 竣工引渡し　平成27年8月1日
　　③ 賃貸借契約開始日　平成27年8月1日
　　④ 建築価格（税込金額）　108,000,000円
　　⑤ 1か月の店舗賃貸料（税込金額）　1,080,000円（平成27年10月1日以降1,100,000円）
（3）計算を簡便にするため建物以外の課税仕入れについては考慮しておりません。
（4）既存の賃貸マンションの譲渡に伴う所得税は考慮しておりません。

2　基準期間に既存の賃貸マンションを譲渡する

現状、個人事業者は免税事業者であり、免税事業者のままでは、新たに建築する貸店舗に係る消費税の還付を受けることができません。

そこで、平成27年の基準期間である平成25年に既存の賃貸マンションを同族法人に譲渡します。その結果、新たに建築される貸店舗の竣工引渡し日を含む平成27年のみ消費税の課税事業者となることができます。

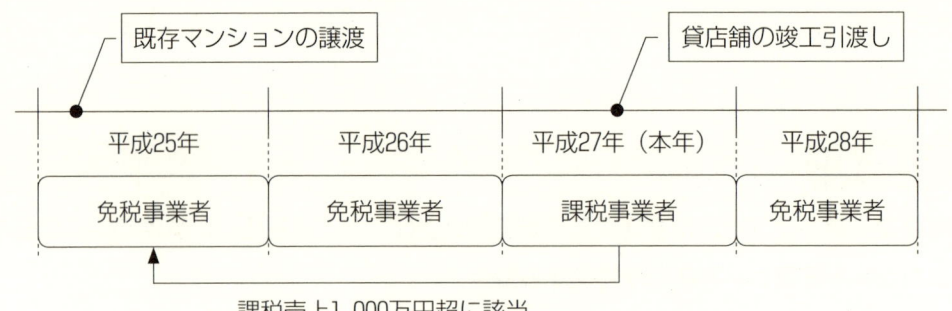

```
     ┌─既存マンションの譲渡            ┌─貸店舗の竣工引渡し
     ●                              ●
 │平成25年 │ 平成26年 │平成27年（本年）│ 平成28年 │
 │免税事業者│免税事業者│  課税事業者   │免税事業者│
      ↑_____|
      課税売上1,000万円超に該当
```

3 消費税の課税期間を短縮し、還付後は簡易課税制度を選択する

　還付を受けた課税期間の翌課税期間以降を考察すると、一般的には、一般課税よりも簡易課税を選択したほうが有利となります。

　そこで、消費税課税期間特例選択・変更届出書を提出し、課税期間を1か月に短縮し、貸店舗の竣工引渡し日を含む課税期間の翌課税期間から簡易課税制度を選択します。

※　平成22年度消費税税制改正において、課税事業者を選択することにより、事業者免税点制度の適用を受けないこととした事業者の当該選択の強制適用期間（2年間）については、簡易課税制度の適用を受けられないこととなりました。

　しかし、課税事業者を選択せずに課税事業者に該当する場合には、平成22年度消費税税制改正の影響を受けず、簡易課税制度を選択することが可能です。

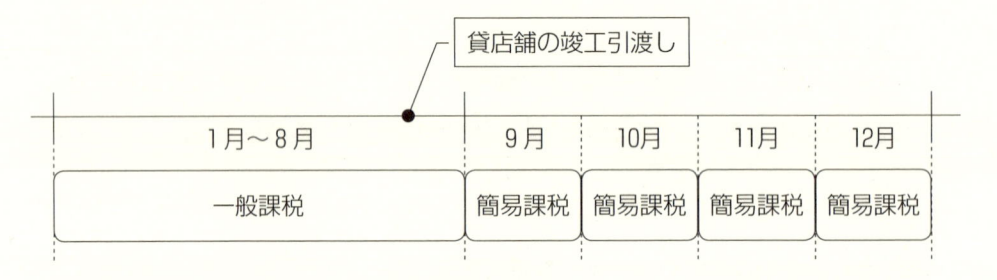

```
                        ┌─貸店舗の竣工引渡し
                        ●
 │ 1月～8月 │ 9月 │10月 │11月 │12月 │
 │ 一般課税 │簡易課税│簡易課税│簡易課税│簡易課税│
```

4 平成27年1月から8月までの消費税の計算

① 課税標準額

　（1,080,000円×1か月）×100／108＝1,000,000円（千円未満切捨）

② 課税売上げに係る消費税額

　1,000,000円×8％＝80,000円

③ 仕入税額控除

　108,000,000円（貸店舗工事費）×8／108＝8,000,000円

④ 還付税額

　②－③＝△7,920,000円

5 平成27年9月から12月までの消費税の計算

＜平成27年9月＞

① 課税標準額

（1,080,000円）×100／108＝1,000,000円（千円未満切捨）

② 課税売上げに係る消費税額

1,000,000円×8％＝80,000円

③ 仕入税額控除

80,000円×50％＝40,000円

④ 納付税額

②－③＝40,000円（百円未満切捨）

＜平成27年10月から12月＞

① 課税標準額

1,100,000円×100／110＝1,000,000円（千円未満切捨）

② 課税売上げに係る消費税

1,000,000円×10％＝100,000円

③ 仕入税額控除

100,000円×50％＝50,000円

④ 納付税額

②－③＝50,000円（百円未満切捨）

⑤ 3か月合計

④×3か月＝150,000円

＜4か月間の合計納付税額＞

40,000円＋150,000円＝190,000円

6 まとめ

（1） 特定期間に既存の賃貸マンションを譲渡する場合

　貸店舗の竣工日を含む課税期間（平成27年）の基準期間（平成25年）経過後に貸店舗を建築することが決定された場合、基準期間の課税売上高を1,000万円超とすることができません。

　しかし、貸店舗の竣工日を含む課税期間（平成27年）の特定期間（平成26年の1月1日から6月30日）中に既存の賃貸マンションを同族法人に譲渡することで、貸店舗の竣工日を含む課税期間（平成27年）に消費税の課税事業者となることも可能です。

（2） 法人名義で建築する場合

　上記の設例では、個人事業者を前提に検討しておりますが、建築主が法人となった場合であっても、上記の前提条件が整っていれば、法人で消費税の還付を受けることも可能と考えらえられます。

Ⅶ　マンション等の居住用建物取得時の対策

　マンションなどの居住用建物を取得した場合、その家賃収入が消費税法上は非課税となることから、消費税の還付を受けられないと考えられがちです。個別対応方式での消費税額控除を考えれば当然です。しかし、マンションに駐車場が併設されている場合や、既存の課税売上げがある場合など、いずれも消費税法上の課税売上げのため、消費税の計算を一括比例配分方式を選択することで、消費税の還付を受けることが可能になっていきます。

　そこで、以下ではマンション等の居住用建物取得時の消費税の還付について検討していきます。

設例 5

■簡易課税制度を選択している事業者が、新たに賃貸マンションを建築する場合

　従来より貸店舗を経営している個人事業者が、新たに遊休地に賃貸マンションを建築しました。

1　前提条件

> （1）　1か月の既存の貸店舗収入（税込金額）は、1,050,000円（平成26年4月1日以降1,080,000円）とし、簡易課税制度により過去2年間消費税の申告をしていたものとします。
>
> （2）　新たに建築する賃貸マンションの概要
> 　　① 建築工事請負契約締結日　平成25年10月1日
> 　　② 竣工引渡し　平成26年8月1日
> 　　③ 業者との間で、一括借上契約を締結し、免責期間は2か月とします。
> 　　④ 建築価格（税込金額）　162,000,000円

⑤　1か月のマンション賃貸料（非課税売上げ）　1,000,000円
（3）　計算を簡便にするため建物以外の課税仕入れについては考慮していません。

2　消費税簡易課税制度選択不適用届出書の提出

　簡易課税制度とは、実際の課税仕入れ等の税額により消費税を計算するのではなく、課税売上高に対する消費税額に一定の割合（みなし仕入率）を乗じた金額を仕入控除税額とする方法です。

　したがって、簡易課税制度を選択した事業者が、賃貸マンションの建築に係る消費税の還付を受けるためには、賃貸マンションの竣工引渡し日を含む課税期間の直前の課税期間の終了の日までに「消費税簡易課税制度選択不適用届出書」を提出し、一般課税により消費税の申告をする必要があります。

　なお、「消費税簡易課税制度選択不適用届出書」は、事業を廃止した場合を除き、簡易課税制度の適用を開始した課税期間の初日から2年を経過する日の属する課税期間の初日以後でなければ提出することはできません。

3　消費税の課税期間を短縮する

＜消費税の課税期間を短縮しない場合＞

　現状の課税期間（1月1日から12月31日）のままの場合、新たに建築する賃貸マンションの竣工引渡し日を含む課税期間に新マンションの賃貸料が含まれるため、課税売上割合が低くなり、その結果、消費税の還付額も少なくなります。

（1）　平成26年1月から12月の課税売上割合の計算

$$\frac{貸店舗収入（315万円 \times 100/105 + 972万円 \times 100/108）}{貸店舗収入（315万円 \times 100/105 + 972万円 \times 100/108）+新マンションの家賃収入（800万円）} = 60\%$$

（2）　課税売上に係る消費税額

①　課税標準額

　（イ）　1月から3月

　　3,150,000円×100／105＝3,000,000円（千円未満切捨）

　（ロ）　4月から12月

　　9,720,000円×100／108＝9,000,000円（千円未満切捨）

②　課税売上げに係る消費税額

　（イ）　1月から3月

3,000,000円×5％＝150,000円
　（ロ）4月から12月
　　　9,000,000円×8％＝720,000円
　（ハ）合計
　　　（イ）＋（ロ）＝870,000円
③　仕入税額控除（一括比例配分方式）
　162,000,000円（新築マンション工事費）×8／108＝12,000,000円
　12,000,000円×60％＝7,200,000円
④　還付税額　②の（ハ）－③＝△6,330,000円

＜消費税の課税期間を短縮する場合＞
　消費税課税期間特例選択・変更届出書を提出し、課税期間を10月1日から3か月に短縮することで、新たに建築する賃貸マンションの竣工引渡し日を含む課税期間（1月1日から9月30日）には新マンションの賃貸料が含まれないため、課税売上割合を100％にすることができます。
（1）平成26年1月から9月の課税売上割合の計算

$$\frac{貸店舗収入（315万円×100／105＋648万円×100／108）}{貸店舗収入（315万円×100／105＋648万円×100／108）＋新マンションの家賃収入（0万円）}＝100\%$$

（2）課税売上げに係る消費税額
①　課税標準額
　（イ）1月から3月
　　　3,150,000円×100／105＝3,000,000円（千円未満切捨）
　（ロ）4月から9月
　　　6,480,000円×100／108＝6,000,000円（千円未満切捨）
②　課税売上げに係る消費税額
　（イ）1月から3月
　　　3,000,000円×5％＝150,000円
　（ロ）4月から9月
　　　6,000,000円×8％＝480,000円
　（ハ）合計
　　　（イ）＋（ロ）＝630,000円

③ 仕入税額控除（一括比例配分方式）

162,000,000円（新築マンション工事費）×8／108＝12,000,000円

12,000,000円×100％＝12,000,000円

④ 還付税額　②の（ハ）－③＝△11,370,000円

4　還付後は簡易課税を選択する

上記２のように、消費税簡易課税制度選択不適用届出書を提出することで、新たに建築する賃貸マンションの竣工引渡し日を含む課税期間（１月１日から９月30日）については、一般課税による消費税の申告が可能となります。

また、一般課税による消費税の還付を行った後、すぐに簡易課税制度を選択することも可能です。（消費税簡易課税制度選択不適用届出書の提出後、一般課税について、２年間の強制適用はありません。）

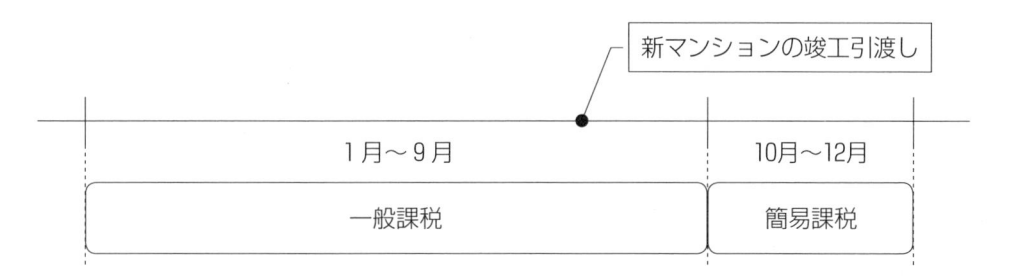

```
                    新マンションの竣工引渡し
                         │
─────────────────────────●─────────────────
       １月～９月          │   10月～12月
   ┌─────────────────┐  ┌──────────┐
   │    一般課税      │  │  簡易課税  │
   └─────────────────┘  └──────────┘
```

＜10月から12月までの間に納付すべき消費税額＞

① 課税標準額

（1,080,000円×３か月）×100/108＝3,000,000円（千円未満切捨）

② 課税売上げに係る消費税

3,000,000円×８％＝240,000円

③ 仕入税額控除

240,000円×50％＝120,000円

④ 納付税額

②－③＝120,000円（百円未満切捨）

5　まとめ

（１）消費税の課税期間短縮時の注意点

マンションの竣工時期や賃貸料の免責期間によって、消費税の課税期間が３か月ごとでは、マンションの竣工引渡し日を含む課税期間に新マンションの賃貸料が含まれる可

能性があります。

　その場合には、消費税の課税期間を1か月ごととすることについても検討が必要です。

（2）　法人名義で建築する場合

　上記の設例では、個人事業者を前提に検討しておりますが、建築主が法人となった場合であっても、上記の前提条件が整っていれば、法人で消費税の還付を受けることも可能と考えらえられます。

設例6

■基準期間に既存の賃貸マンションを譲渡し、新たに賃貸マンションを建築する場合

　従来より賃貸マンション及び駐車場の経営を行っている個人事業者が、新たに遊休地に賃貸マンションを建築しました。

1　前提条件

> （1）　既存の賃貸マンションの譲渡対価は20,000,000円とします。
> （2）　既存の駐車場収入（税込金額）は、月額100,000円とします。
> （3）　新たに建築する賃貸マンションの概要
> 　　① 建築工事請負契約締結日　平成26年10月1日
> 　　② 竣工引渡し　平成27年8月1日
> 　　③ 業者との間で、一括借上契約を締結し、免責期間は2か月とします。
> 　　④ 建築価格（税込金額）　162,000,000円
> 　　⑤ 1か月のマンション賃貸料（非課税売上）　1,000,000円
> （4）　計算を簡便にするため建物以外の課税仕入れについては考慮していません。
> （5）　既存の賃貸マンションの譲渡に伴う所得税は考慮しておりません。

2　基準期間に既存の賃貸マンションを譲渡する

　現状、個人事業者は免税事業者であり、免税事業者のままでは、新たに建築する賃貸マンションに係る消費税の還付を受けることができません。

　そこで、平成27年の基準期間である平成25年に既存の賃貸マンションを同族法人に譲渡します。その結果、新たに建築される賃貸マンションの竣工引渡し日を含む平成27年のみ消費税の課税事業者となることができます。

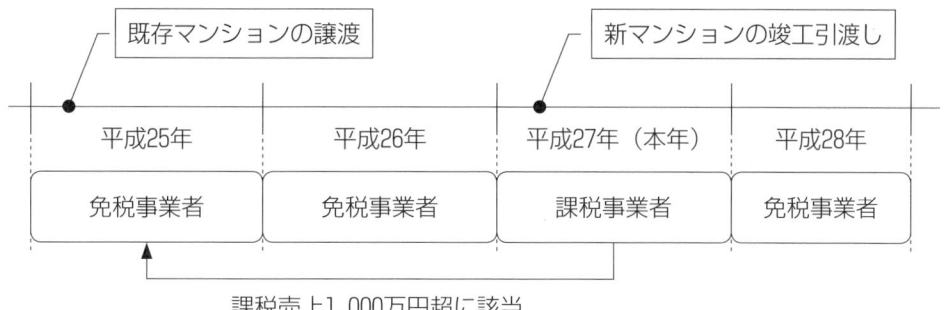

```
┌─既存マンションの譲渡           ┌─新マンションの竣工引渡し
│                                │
●─────────────┬─────────────┬────●────────┬─────────────
  平成25年      │  平成26年    │ 平成27年（本年）│ 平成28年
┌─────────────┬─────────────┬─────────────┬─────────────┐
│ 免税事業者   │ 免税事業者   │ 課税事業者   │ 免税事業者   │
└─────────────┴─────────────┴─────────────┴─────────────┘
       ↑                              │
       └──── 課税売上1,000万円超に該当 ┘
```

3　消費税の課税期間を短縮する

消費税課税期間特例選択・変更届出書を提出し、課税期間を10月1日から3か月に短縮することで、新たに建築する賃貸マンションの竣工引渡し日を含む課税期間（1月1日から9月30日）には新マンションの賃貸料が含まれないため、課税売上割合を100%にすることができます。

（1）平成27年1月から9月の課税売上割合の計算

$$\frac{駐車場収入（90万円\times 100/108）}{駐車場収入（90万円\times 100/108）＋新マンションの家賃収入（0万円）} = 100\%$$

（2）課税売上げに係る消費税額

① 課税標準額

　（100,000円×9か月）×100／108＝833,000円（千円未満切捨）

② 課税売上げに係る消費税額

　833,000円×8％＝<u>66,640円</u>

③ 仕入税額控除

　162,000,000円（新築マンション工事費）×8／108＝12,000,000円

　12,000,000円×100％＝<u>12,000,000円</u>

④ 還付税額　②－③＝<u>△11,933,360円</u>

4　簡易課税制度を選択する

＜10月から12月までの間に納付すべき消費税額＞

① 課税標準額

　（100,000円×3か月）×100/110＝272,000円（千円未満切捨）

② 課税売上げに係る消費税

　272,000円×10％＝<u>27,200円</u>

③ 仕入税額控除

27,200円×50％＝13,600円

④ 納付税額

②－③＝13,600円（百円未満切捨）

5 まとめ

(1) 特定期間に既存の賃貸マンションを譲渡する場合

　新マンションの竣工引渡し日を含む課税期間（平成27年）の基準期間（平成25年）の経過後に新マンションの建築が決定した場合、基準期間の課税売上高を1,000万円超とすることができません。

　しかし、新マンションの竣工引渡し日を含む課税期間（平成27年）の特定期間（平成26年の1月1日から6月30日）中に既存の賃貸マンションを同族法人に譲渡することで、新マンションの竣工引渡し日を含む課税期間（平成27年）に消費税の課税事業者となることも可能です。

(2) 法人名義で建築する場合

　上記の設例では、個人事業者を前提に検討しておりますが、建築主が法人となった場合であっても、上記の前提条件が整っていれば、法人で消費税の還付を受けることも可能と考えらえられます。

設例 7

■新たに設立された法人（資本金1,000万円未満）の設立1期目が8か月である場合に、第2期において新たに賃貸マンションを建築する場合

　従来より駐車場の経営を行っている個人事業者が、新たに遊休地に賃貸マンションを建築しました。

1 前提条件

(1) 新たに設立された法人（資本金1,000万円未満）の第1期は平成26年1月1日から平成26年8月31日とし、第2期は平成26年9月1日から平成27年8月31日とします。

(2) 法人の既存収入は駐車場収入のみとし、1か月2,000,000円（消費税込み）と

します。

(3) 新たに建築する賃貸マンションの概要

① 建築工事請負契約締結日　平成26年10月1日

② 竣工引渡し　平成27年8月1日

③ 業者との間で、一括借上契約を締結し、免責期間は2か月とします。

④ 建築価格（税込金額）　162,000,000円

⑤ 1か月のマンション賃貸料（非課税売上げ）　1,000,000円

(4) 計算を簡便にするため建物以外の課税仕入れについては考慮していません。

2　平成24年度消費税税制改正の内容

平成24年度消費税税制改正の内容は下記のとおりです。（詳細は第2章を参照してください。）

法人のその事業年度に係る特定期間における課税売上高が1,000万円を超える事業者については、事業者免税点制度を適用しないこととなりました。

※　法人の特定期間とは次の期間をいいます。

その事業年度の前事業年度開始の日以後6月の期間

なお、その事業年度の前事業年度が短期事業年度に該当する場合は、その事業年度の前々事業年度開始の日以後6月の期間（その前々事業年度が6月以下の場合はその前々事業年度開始の日からその終了の日までの期間とし、一定の期間は除かれます。）

```
            第1期                    第2期
        課税売上1,600万円        課税売上2,400万円
├──────────────┼──────────────┤────────────→
設立    6か月（特定期間）
        課税売上高1,200万円
```

設立日から6か月の期間（特定期間）の課税上高が1,000万円を超えるときは、賃貸マンションの竣工日を含む第2期は課税事業者となります。

3　第2期の消費税の計算

(1) 第2期の課税売上割合の計算

$$\frac{駐車場収入（2,400万円×100/108）}{駐車場収入（2,400万円×100/108）＋新マンションの家賃収入（0万円）} = 100\%$$

（2） 課税売上げに係る消費税額

① 課税標準額

　（2,000,000円×12か月）×100／108＝22,222,000円（千円未満切捨）

② 課税売上げに係る消費税額

　22,222,000円×8％＝<u>1,777,760円</u>

③ 仕入税額控除

　162,000,000円（新築マンション工事費）×8／108＝12,000,000円

　12,000,000円×100％＝<u>12,000,000円</u>

④ 還付税額　②－③＝<u>△10,222,240円</u>

設例 8

■課税事業者強制適用期間（2年）経過後、新たに賃貸マンションを建築する場合

　従来より駐車場経営を行っている個人事業者が、新たに遊休地に賃貸マンションを建築しました。

1　前提条件

> （1） 既存の駐車場収入（税込金額）は、月額100,000円とします。
> （2） 新たに建築する賃貸マンションの概要
> 　① 建築工事請負契約締結日　平成27年10月1日
> 　② 竣工引渡し　平成28年8月1日
> 　③ 業者との間で、一括借上契約を締結し、免責期間は2か月とします。
> 　④ 建築価格（税込金額）　165,000,000円
> 　⑤ 1か月のマンション賃貸料（非課税売上げ）　1,000,000円
> （3） 計算を簡便にするため建物以外の課税仕入については考慮していません。

2　消費税課税事業者選択届出書の提出

　現状、基準期間の駐車場収入が年間1,000万円未満のため、消費税の納税義務がありません。

　そこで、賃貸マンションの竣工引渡しが平成28年8月1日であるため、平成25年に消費税課税事業者選択届出書を提出し、平成26年より消費税の課税事業者となります。

　その結果、平成26年、平成27年ともに既存の駐車場収入に係る消費税の申告が必要と

なります。

3　平成22年度消費税税制改正の内容

平成22年度消費税税制改正の内容は下記のとおりです。（詳細は第2章を参照してください。）

① 事業者免税点制度の適用の見直し

次の期間（簡易課税制度の適用を受ける課税期間を除きます。）中に、調整対象固定資産を取得した場合には、<u>当該取得があった課税期間を含む3年間は、引き続き事業者免税点制度を適用しないこと</u>となりました。

イ　課税事業者を選択することにより、事業者免税点制度の適用を受けないこととした事業者の当該選択の<u>強制適用期間（2年間）</u>

ロ　資本金1,000万円以上の新設法人につき、事業者免税点制度を適用しないこととされる<u>設立当初の期間（2年間）</u>

平成22年度消費税税制改正に基づき、賃貸マンションの取得時期と消費税の納税義務の判定をまとめると下記②又は③のとおりです。

② 課税事業者となった平成26年中に調整対象固定資産の課税仕入れを行った場合

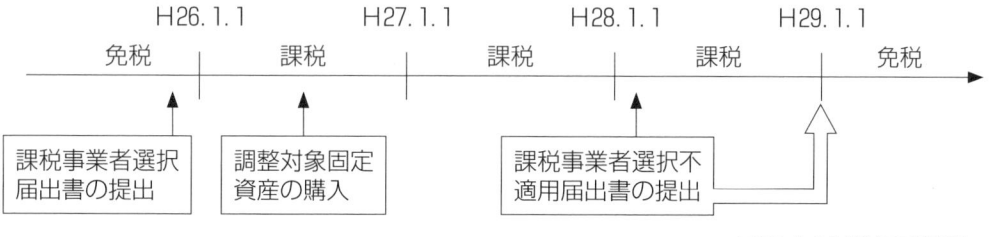

	H26.1.1	H27.1.1	H28.1.1	H29.1.1	
免税	課税	課税	課税	免税

- 課税事業者選択届出書の提出（H26.1.1時点）
- 調整対象固定資産の購入（H27.1.1時点）
- 課税事業者選択不適用届出書の提出（H28.1.1時点）
- H29.1.1以後に届出書の効力が生じます。

③ 課税事業者となった平成27年中に調整対象固定資産の課税仕入れを行った場合

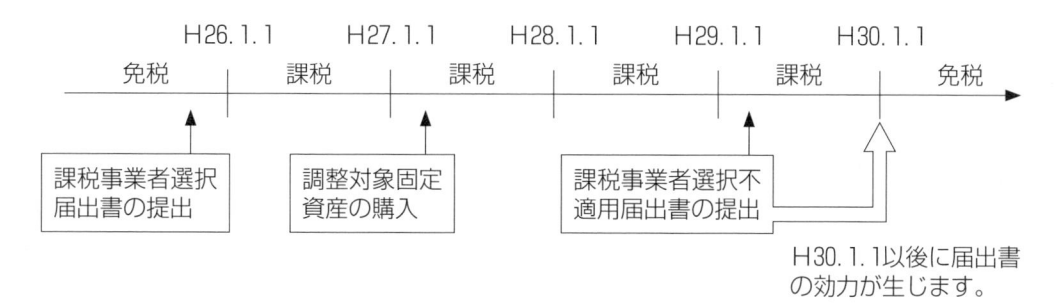

	H26.1.1	H27.1.1	H28.1.1	H29.1.1	H30.1.1	
免税	課税	課税	課税	課税	免税

- 課税事業者選択届出書の提出（H26.1.1時点）
- 調整対象固定資産の購入（H27.1.1時点）
- 課税事業者選択不適用届出書の提出（H29.1.1時点）
- H30.1.1以後に届出書の効力が生じます。

4　調整対象固定資産に係る仕入税額の調整規定の例外について

　課税事業者が賃貸マンションを新築した場合の課税仕入れ等に係る消費税額について比例配分法により計算した場合で、その計算に用いた課税売上割合が、その取得した日の属する課税期間以後3年間の通算課税売上割合と比較して著しく増減少したときは、第3年度の課税期間（仕入課税期間の初日から3年を経過する日の属する課税期間）において仕入控除税額の調整を行うこととされています。

　しかし、第3年度の課税期間において免税事業者である場合や簡易課税制度の適用を受けている場合には、仕入れに係る消費税額の調整を行う必要はありません。

＜課税事業者となった平成28年中に調整対象固定資産の課税仕入れを行った場合＞

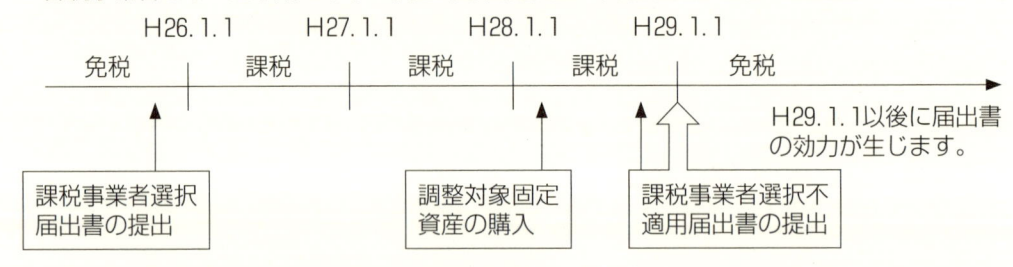

```
       H26.1.1    H27.1.1    H28.1.1    H29.1.1
   免税  │  課税  │  課税  │  課税  │  免税
         ↑                   ↑        ⇧
                                    H29.1.1以後に届出書
                                    の効力が生じます。
   課税事業者選択        調整対象固定      課税事業者選択不
   届出書の提出          資産の購入        適用届出書の提出
```

　上記3の②③の場合、平成22年度消費税税制改正の影響により、第3年度の課税期間は課税事業者となります。

　しかし、課税事業者となった平成28年中に調整対象固定資産の課税仕入れを行った場合、平成22年度消費税税制改正による強制適用期間後に調整対象固定資産を取得しているため、平成29年1月1日以降が免税事業者となり、また、第3年度の課税期間も免税事業者となり、仕入れに係る消費税額の調整を行う必要はありません。

5　消費税の課税期間を短縮する

　消費税課税期間特例選択・変更届出書を提出し、課税期間を10月1日から3か月に短縮することで、新たに建築する賃貸マンションの竣工引渡し日を含む課税期間（1月1日から9月30日）には新マンションの賃貸料が含まれないため、課税売上割合を100％にすることができます。

（1）　平成28年の1月から9月までの課税売上割合の計算

$$\frac{駐車場収入（90万円×100／110）}{駐車場収入（90万円×100／110）＋新マンションの家賃収入（0万円）}＝100\%$$

（2）　課税売上げに係る消費税額

①　課税標準額

(100,000円×9か月)×100／110＝818,000円（千円未満切捨）

② 課税売上げに係る消費税額

818,000円×10％＝81,800円

③ 仕入税額控除

165,000,000円（新築マンション工事費）×10／110＝15,000,000円

15,000,000円×100％＝15,000,000円

④ 還付税額　②－③＝△14,918,200円

6　簡易課税制度を選択する

新たに建築する賃貸マンションの竣工引渡し日を含む課税期間（1月1日から9月30日）の翌課税期間から簡易課税を選択します。

＜10月から12月までの間に納付すべき消費税額＞

① 課税標準額

(100,000円×3か月)×100／110＝272,000円（千円未満切捨）

② 課税売上げに係る消費税

272,000円×10％＝27,200円

③ 仕入税額控除

27,200円×50％＝13,600円

④ 納付税額

②－③＝13,600円（百円未満切捨）

7　資本金1,000万円以上の新設法人の場合

資本金1,000万円以上の法人を設立し、設立以後2事業年度（基準期間がない事業年度）を経過した日後に開始する課税期間中に賃貸マンションを新築した場合も上記と同様に考えることができます。

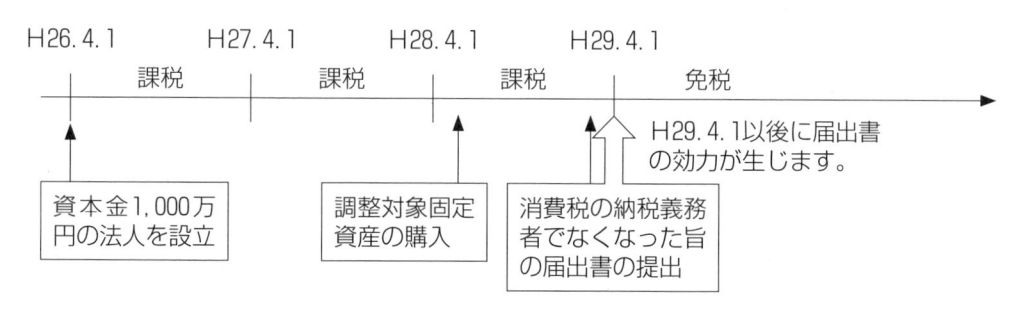

H26.4.1　　H27.4.1　　H28.4.1　　H29.4.1
　課税　　　課税　　　課税　　　免税

H29.4.1以後に届出書の効力が生じます。

資本金1,000万円の法人を設立

調整対象固定資産の購入

消費税の納税義務者でなくなった旨の届出書の提出

付録1

会計検査院「決算検査報告」

・消費税の簡易課税制度について

■　消費税の簡易課税制度について（平成23年度　第４章　国会及び内閣に対する報告並びに国会からの検査要請事項に関する報告等　第１節　国会及び内閣に対する報告　第２）

１　検査の背景
（１）消費税の仕組み

　消費税は、消費税法（昭和63年法律第108号）に基づき、製造、卸売、小売等の各段階の売上げに課税され、その税相当額が順次価格に織り込まれて転嫁され、最終的には消費者が負担することが予定されている。そして、消費税法は、前段階で課税されている消費税が各段階で二重、三重に累積的に課税されないように、課税売上げに係る消費税額から課税仕入れに係る消費税額を控除する仕組みを採っている。消費税の納税義務者は、国内において課税資産の譲渡等を行う事業者（注１）となっている。

（注１）　事業者　　個人事業者及び法人

（２）簡易課税制度の概要

　課税売上げに係る消費税額から控除できる課税仕入れに係る消費税額は、原則として、課税売上げに対応する課税仕入れに係る消費税額とされている（以下、課税売上げに係る消費税額からこの課税売上げに対応する課税仕入れに係る消費税額を控除して納付消費税額を算出する計算方法を「本則課税」という。）。

　そして、中小事業者の事務負担に配慮して、事務の簡素化を図るために、事業者の選択により、課税売上げに係る消費税額を基礎として、課税仕入れに係る消費税額を簡易な方法により計算できる簡易課税制度が設けられている。

　すなわち、課税事業者が、基準期間（個人事業者では課税期間（注２）の前々年、法人では課税期間の前々事業年度）における課税売上高が5,000万円以下である課税期間について、その課税期間の直前の課税期間の末日までに消費税簡易課税制度選択届出書を所轄の税務署長に提出した場合には、本則課税によることなく、その課税期間の課税売上げに係る消費税額から、課税売上げに係る消費税額にその事業者の営む事業の種類の区分（以下「事業区分」という。）に応じたみなし仕入率を乗じて計算した金額を課税仕入れに係る消費税額とみなして控除することができることとされている。

（注２）　課税期間　　納付する消費税額の計算の基礎となる期間

　そして、第１種事業から第５種事業までの事業区分に該当する業種は卸売業、小売業、製造業等、その他事業、サービス業等となっており、みなし仕入率は、90％から50％と

なっている（表1参照）。

表1　各事業区分に該当する業種及びみなし仕入率

事業区分	第1種事業	第2種事業	第3種事業	第4種事業	第5種事業
該当する業種	卸売業	小売業	製造業等	その他事業	サービス業等
みなし仕入率	90%	80%	70%	60%	50%

注（1）　第3種事業は、農業、林業、漁業、鉱業、建設業、製造業、電気業等をいう。
注（2）　第5種事業は、不動産業、運輸・通信業、サービス業をいう。

　財務省の資料によると、課税事業者のうち、簡易課税制度適用者が占める割合は、平成17年度からは、個人事業者が60%強、法人が30%弱とほぼ横ばいで推移している（表2参照）。

表2　消費税の簡易課税制度適用者数等の推移

（単位：万事業者、(%)）

区分	年度	平成17年度	18年度	19年度	20年度	21年度	22年度
個人事業者	課税事業者〔1〕	162	157	149	146	143	136
	〔1〕のうち本則課税適用者〔2〕	61	59	56	55	55	52
	〔1〕のうち簡易課税制度適用者〔3〕（割合〔3〕/〔1〕）	101 (62.3)	98 (62.4)	93 (62.5)	91 (62.0)	89 (61.8)	84 (61.9)
法人	課税事業者〔1〕	211	210	209	208	206	202
	〔1〕のうち本則課税適用者〔2〕	151	151	151	150	149	146
	〔1〕のうち簡易課税制度適用者〔3〕（割合〔3〕/〔1〕）	60 (28.4)	59 (28.2)	58 (27.9)	57 (27.6)	57 (27.5)	56 (27.6)

（3）　新設法人における納税義務と簡易課税制度

　小規模事業者の事務処理能力等を勘案して、課税期間に係る基準期間における課税売上高が1,000万円以下の事業者は、原則として消費税の納税義務が免除されることとなっている（以下、この消費税の納税義務が免除される仕組みを「事業者免税点制度」という。）。ただし、課税期間に係る基準期間がない新設された法人のうち、事業年度開始の日における資本金の額又は出資の金額が1,000万円以上である法人（以下「新設法人」という。）は、課税期間に係る基準期間が存在しない設立2年以内の納税義務は免除されないこととされている。そして、新設法人が、事業を開始した日の属する課税期間に消費税簡易課税制度選択届出書を提出した場合には、その提出があった日の属する課税期間から簡易課税制度が適用できることとされている。

(4) 法人の合併又は分割があった場合の事業者免税点制度及び簡易課税制度の適用

　法人の合併には吸収合併と新設合併が、法人の分割には吸収分割、新設分割等があり、その内容は次のとおりとなっている。

ア　吸収合併とは、法人が他の法人とする合併であって、合併により消滅する法人（以下「被合併法人」という。）の権利義務の全部を合併後存続する法人（以下「合併法人」という。）に承継させることをいう。

イ　新設合併とは、2以上の法人がする合併であって、被合併法人の権利義務の全部を合併により設立する法人に承継させることをいう。

ウ　吸収分割とは、法人がその事業に関して有する権利義務の全部又は一部を分割（以下、この事業を分割した法人を「分割法人」という。）後に、他の法人に承継させる（以下、この事業を承継した法人を「分割承継法人」という。）ことをいう。

エ　新設分割とは、1又は2以上の法人がその事業に関して有する権利義務の全部又は一部を分割により設立する法人に承継させることをいう。

　上記のうち、吸収合併又は吸収分割があった場合の事業者免税点制度及び簡易課税制度の適用については、次のとおりとなっている。

　事業者免税点制度において、吸収合併に係る合併法人又は吸収分割に係る分割承継法人の基準期間における課税売上高が1,000万円を超えるかどうかについては、当該合併法人又は当該分割承継法人の基準期間における課税売上高のみならず、当該吸収合併に係る被合併法人又は当該吸収分割に係る分割法人の課税売上高も考慮して判定することとされている。

　一方、簡易課税制度において、当該吸収合併に係る合併法人又は当該吸収分割に係る分割承継法人の基準期間における課税売上高が5,000万円を超えるかどうかについては、当該合併法人又は当該分割承継法人の基準期間における課税売上高のみによって判定することとされている。

(5) 消費税等の経理処理の方式と簡易課税制度適用による消費税等差額

　事業者が行う取引に係る消費税等（消費税及び地方消費税をいう。以下同じ。）の経理処理には、消費税等の額と当該消費税等に係る取引の対価の額とを区分して経理する税抜経理方式と区分しないで経理する税込経理方式がある。そして、事業者が消費税等の経理処理について税抜経理方式を適用している場合において、簡易課税制度の適用を受けた課税期間に、仮受消費税等の金額から仮払消費税等の金額を控除した金額と納付すべき又は還付を受ける消費税等の額とに差額（以下、この差額を「消費税等差額」といい、

当該差額のうち国税である100分の80に相当する額を「消費税差額」という。）が生ずるときは、当該消費税等差額について、法人の場合は法人税の申告において、その課税期間を含む事業年度の益金の額又は損金の額に、個人事業者の場合は所得税の申告において、その課税期間を含む年の総収入金額又は必要経費に、それぞれ算入することとされている。

（6）　簡易課税制度についての見直しの状況

　簡易課税制度については、消費税が導入された元年4月以降、消費税に対する国民の信頼性等を向上させるために、これまで三度にわたり簡易課税制度の適用対象となる基準期間における課税売上高の上限額の引下げによる適用範囲の見直しが、また、二度にわたりみなし仕入率の事業区分の細分化によるみなし仕入率の水準の見直しが行われた。このうち15年度の税制改正においては、事業者免税点制度の適用上限の課税売上高を3,000万円から1,000万円に引き下げた改正に伴い新たに課税事業者となる者の事務負担に配慮して、簡易課税制度の適用対象となる基準期間における課税売上高の上限額を2億円から5,000万円に引き下げて制度自体は存置することとされた（図省略）。

　また、「社会保障の安定財源の確保等を図る税制の抜本的な改革を行うための消費税法の一部を改正する等の法律」（平成24年法律第68号。以下「消費税法改正法」という。）が成立して、24年8月22日に公布され、別段の定めがあるものを除き26年4月1日から施行することとされた。そして、消費税法改正法においては、消費税率の引上げなどの措置のほか、税制に関する抜本的な改革及び関連する諸施策に関する措置として、消費税率の引上げを踏まえて、簡易課税制度の仕入れに係る概算的な控除率について、今後、更なる実態調査を行い、その結果を踏まえた上で、その水準について必要な見直しを行うことを検討し、速やかに必要な措置を講ずることが定められている。

2　検査の観点、着眼点、対象及び方法
（1）　検査の観点及び着眼点

　消費税は本則課税が原則となっていて、元年4月に導入されてから20年以上が経過しており、簡易課税制度の適用対象となる基準期間における課税売上高の上限額の引下げによる適用範囲の見直しやみなし仕入率の事業区分の細分化によるみなし仕入率の水準の見直しが行われてきているが、前記のとおり、17年度から22年度までの間における簡易課税制度適用者の割合は個人事業者が60％強、法人が30％弱とほぼ横ばいで推移している。また、みなし仕入率が課税仕入率（課税仕入高の課税売上高に対する割合）を上回ってかい離している場合には、価格を通じて消費者が負担している消費税相当額のう

ち国庫に納付されない部分が事業者に残ることとなり、いわゆる益税（注3）が発生すると言われている。そして、このような益税の発生は、消費税に対する国民の信頼性を損ねることとなる。

　本院は、消費税に関する国民の関心が高い中で、上記のような状況を踏まえて、中小事業者の事務負担に配慮して設けられた簡易課税制度について、有効性等の観点から、有効かつ公平に機能しているかなどに着眼して、〔1〕みなし仕入率と課税仕入率の状況はどのようになっているか、〔2〕過去に本則課税を適用してその後簡易課税制度を適用している事業者の状況はどのようになっているか、〔3〕多額の課税売上高を有する事業者の簡易課税制度の適用状況はどのようになっているか検査した。

(注3)　益税　　本項においては、税抜経理方式を採っていて益金に計上している消費税差額又は推計納付消費税額から簡易課税制度を適用して計算した納付消費税額を控除した金額を益税としている。

(2) 検査の対象及び方法

　検査に当たっては、計算証明規則（昭和27年会計検査院規則第3号）に基づき本院に提出された証拠書類等により書面検査を行うとともに、23年12月から24年5月までの間に東京国税局（注4）及び44税務署（注5）において、上記の〔1〕から〔3〕までの検査項目に応じて、簡易課税制度を適用している3,075法人、1,624個人事業者、計4,699事業者を抽出して、消費税の確定申告書等によりその内容を分析するなどして会計実地検査を行った（表3参照）。また、財務省において、みなし仕入率に関する実態調査の内容を聴取するなどして会計実地検査を行った。

(注4)　東京国税局　　国税局は、大規模納税者等について、自ら賦課徴収を行っていることから、多額の課税売上高を有する法人を抽出するに当たって検査対象とした。
(注5)　44税務署　　村山、桐生、川口、西川口、浦和、春日部、新潟、千葉東、千葉南、市川、成田、麹町、神田、日本橋、芝、目黒、北沢、渋谷、中野、杉並、豊島、板橋、葛飾、江戸川北、武蔵野、横浜中、保土ケ谷、横浜南、緑、川崎北、藤沢、小田原、相模原、大月、昭和、中川、豊橋、東、豊能、八尾、東大阪、尼崎、松山、博多各税務署

表3　検査の対象とした事業者

	事業者の態様	法人	個人事業者	計
〔1〕	全体の課税売上高のうち、一つの事業の課税売上高の割合が90%超となっている事業者	1,040	991	2,031
〔2〕	過去4年以内（法人）又は過去2年以内（個人事業者）に本則課税を適用したことがある事業者	2,023	633	2,656
〔3〕	第1期課税期間又は第2期課税期間に多額の課税売上高（5億円超）を有する事業者	12	—	12
	計	3,075	1,624	4,699

3 検査の状況

(1) みなし仕入率と課税仕入率の状況

簡易課税制度は、前記のとおり、課税期間の課税売上げに係る消費税額に事業区分に応じたみなし仕入率を乗じて計算した金額を課税仕入れに係る消費税額とみなして控除することができることとされている。

そして、財務省は、みなし仕入率に関して、消費税の課税事業者における課税仕入率の実態を把握するための調査を実施し、「平成20年度分課税仕入率の実態調査について」として、政府税制調査会に提出している。調査対象者は簡易課税制度適用者330,067事業者（全国の税務署から抽出した4,969法人及び325,098個人事業者）及び本則課税適用者60万5千事業者（国税庁の課税事績による売上1,000万円超から5,000万円以下の28万2,000法人及び32万2,000個人事業者）、調査対象期間は法人が20年4月決算期から21年3月決算期まで、個人事業者が20年分である。

現行のみなし仕入率について、財務省は、5年度分の本則課税適用者及び簡易課税制度適用者の双方を含むサンプル調査により把握した業種別の課税仕入率を基に設定したとしているが、財務省の20年度分の調査結果によれば、全ての業種において、本則課税適用者と簡易課税制度適用者を合わせた全体の課税仕入率より簡易課税制度適用者の課税仕入率が下回っているなどの状況となっていた（表4参照）。

表4 みなし仕入率及び課税仕入率（財務省調査）

区分 \ 業種（事業区分）	卸売業 （第1種事業）	小売業 （第2種事業）	農林水産業	鉱業	建設業	製造業
			（第3種事業）			
みなし仕入率（％）	90	80	70			
簡易課税制度適用者 課税仕入率（％） （調査対象者数）	82.9 (10,578)	77.4 (36,475)	64.3 (63,089)	60.9 (42)	59.9 (57,867)	58.8 (28,293)
本則課税適用者課税 仕入率（％） （調査対象者数）	93.7 (36,113)	85.1 (135,324)	87.2 (25,607)	97.8 (319)	71.9 (116,272)	71.8 (50,828)
本則課税適用者と簡易課税制度適用者を合わせた全体の課税仕入率（％）	87.9	81.4	69.2	77.1	65.0	62.9

区分 \ 業種（事業区分）	料理飲食業 （第4種事業）	金融保険業	運輸・通信業	サービス業	不動産業
		（第5種事業）			
みなし仕入率（％）	60	50			
簡易課税制度適用者課税仕入率（％）（調査対象者数）	60.0 (45,154)	33.8 (1,365)	44.1 (3,730)	38.9 (77,850)	32.0 (5,624)
本則課税適用者課税仕入率（％）（調査対象者数）	70.0 (60,616)	90.1 (3,560)	78.4 (11,090)	67.6 (139,029)	76.1 (25,888)
本則課税適用者と簡易課税制度適用者を合わせた全体の課税仕入率（％）	64.2	47.8	59.5	49.3	42.5

注（1） 簡易課税制度適用者の課税仕入率の試算に当たっては、決算書等の売上原価、販売費及び一般管理費等の必要経費額から、課税仕入れに該当しない額を控除する方法で課税仕入額を把握し、課税仕入れ、非課税仕入れ及び不課税仕入れが混在する可能性のある費目については、一定の基準により案分して試算している。
注（2） 固定資産の取得費は課税仕入れに加算していないが、減価償却費を課税仕入れに加算している。
注（3） 本則課税適用者の課税仕入率は、国税庁の申告事績に基づくものである。

　本院においては、検査の効率性を勘案して、直近の課税期間（法人については22年2月から23年1月までの間に終了する課税期間、個人事業者については22年分の課税期間。以下同じ。）を対象として、実際に簡易課税制度を適用している事業者ごとに、その課税仕入率の状況を検査した。そして、複数の事業を行っている事業者の兼業による影響を排除するために、全体の課税売上高のうち、一つの事業の課税売上高の割合が90％超となっている事業者を対象として、1,040法人、991個人事業者、計2,031事業者について、決算書等を基に課税仕入率の平均を試算したところ、事業区分ごとにみなし仕入率と課税仕入率の平均を比較すると、みなし仕入率が全ての事業区分において課税仕入率の平均を上回っていた。その中でも第5種事業（運輸・通信業、サービス業及び不動産業）の法人と個人事業者を合わせた課税仕入率の平均は32.4％となっていて、みなし仕入率50％との開差が顕著な状況となっていた（表5参照）。

表5　簡易課税制度適用者に係るみなし仕入率及び課税仕入率（本院検査）

区分	事業区分	第1種事業	第2種事業	第3種事業	第4種事業	第5種事業
みなし仕入率（％）		90	80	70	60	50
法人 (1,040事業者)	課税仕入率（％） （事業者数）	80.4 (141)	70.9 (133)	60.5 (141)	45.4 (137)	34.6 (488)

| 個人事業者
(991事業者) | 課税仕入率（%）
（事業者数） | 85.2
(129) | 76.4
(131) | 64.0
(129) | 52.5
(140) | 29.3
(462) |
| 計
(2,031事業者) | 課税仕入率（%）
（事業者数） | 82.3
(270) | 73.5
(264) | 62.1
(270) | 48.7
(277) | 32.4
(950) |

注（1） 簡易課税制度適用者については、申告事績から課税仕入税額を把握することができないため、決算書等の売上原価、販売費及び一般管理費等の必要経費額から、課税仕入れに該当しない非課税仕入れ及び不課税仕入れの額を控除して課税仕入高を把握する方法等により、課税仕入率を試算した。

注（2） 固定資産の取得費は課税仕入れに加算していないが、使用可能期間が1年未満のもの又は取得価額が10万円未満等の少額減価償却資産について、取得価額相当額が必要経費等として把握できる場合には、当該金額を課税仕入れに加算している。

そして、事業者ごとの課税仕入率について、事業区分ごとにみなし仕入率との開差を分析したところ、同じみなし仕入率を適用している事業区分においても、課税仕入率がみなし仕入率を上回っている事業者もいるが、課税仕入率がみなし仕入率を下回っている事業者の方が67.0%から84.9%と多数となっており、第5種事業においては課税仕入率がみなし仕入率を20ポイント超下回っている事業者が全体の49.4%となっていた（表6参照）。

表6　課税仕入率の分布状況

区分＼事業区分	第1種事業				第2種事業			
みなし仕入率（%）	90				80			
課税仕入率の範囲（%）	70未満	70以上80未満	80以上90未満	90以上	60未満	60以上70未満	70以上80未満	80以上
法人数　〔1〕	25	35	59	22	18	35	45	35
個人事業者数〔2〕	8	24	57	40	8	22	49	52
計（〔1〕+〔2〕）〔3〕	33	59	116	62	26	57	94	87
割合（%）（〔3〕/〔4〕）	12.2	21.8	42.9	22.9	9.8	21.5	35.6	32.9
みなし仕入率未満の事業者の割合（%）	77.0			—	67.0			—
事業区分ごとの事業者数〔4〕	270				264			

区分＼事業区分	第3種事業				第4種事業				第5種事業			
みなし仕入率（%）	70				60				50			
課税仕入率の範囲（%）	50未満	50以上60未満	60以上70未満	70以上	40未満	40以上50未満	50以上60未満	60以上	30未満	30以上40未満	40以上50未満	50以上
法人数　〔1〕	37	43	28	33	50	29	36	22	211	112	76	89

個人事業者数〔2〕	34	19	28	48	23	25	39	53	259	94	55	54
計（〔1〕＋〔2〕）〔3〕	71	62	56	81	73	54	75	75	470	206	131	143
割合（％）（〔3〕／〔4〕）	26.2	22.9	20.7	30.0	26.3	19.4	27.0	27.0	49.4	21.6	13.7	15.0
みなし仕入率未満の事業者の割合（％）	70.0			—	72.9			—	84.9			—
事業区分ごとの事業者数　〔4〕	270				277				950			

注（1） 割合は、少数点第2位以下を切り捨てているため、各項目を合計しても100にならない場合がある。
注（2） 検査の過程で第5種事業の課税仕入率の平均とみなし仕入率との開差が顕著であることが判明したことから、その傾向をより的確に把握するため第5種事業の事業者を重点的に検査した。

　これらの1,040法人、991個人事業者、計2,031事業者について、簡易課税制度を適用して計算した納付消費税額が、本則課税を適用したとして試算した推計納付消費税額（注6）に対して、低額となっている事業者数及び金額は840法人、2億9,189万余円及び743個人事業者、2億1,163万余円、計1,583事業者で5億0,352万余円、高額となっている事業者数及び金額は200法人、3,900万余円及び248個人事業者、2,853万余円、計448事業者で6,753万余円となっていた（表省略）。

（注6） 1,040法人、991個人事業者、計2,031事業者について、簡易課税制度を適用した課税期間において本則課税を適用したとして納付消費税額を推計する方法は、次のとおりとした。
　　〔1〕 税抜経理方式を採っていて消費税等差額を計上している事業者は、消費税差額と簡易課税制度を適用して計算した納付消費税額の合計額
　　〔2〕 税抜経理方式を採っているが消費税等差額を計上しているかどうか明確ではない事業者及び税込経理方式を採っている事業者は、損益計算書等の売上原価、販売費、一般管理費等の必要経費額から、課税仕入れに該当しない非課税仕入れ及び不課税仕入れの額を控除して課税仕入高を把握するなどして試算

　このように、多くの簡易課税制度適用者において、みなし仕入率が課税仕入率を上回っており、簡易課税制度の適用により事務負担に配慮され事務の簡素化が図られた上に、簡易課税制度を適用して計算した納付消費税額が本則課税を適用したとして試算した推計納付消費税額に対して低額となっていて、いわゆる益税が生じている状況となっていた。
　なお、財務省は、消費税法改正法に定められたみなし仕入率の水準についての必要な見直しの検討のために、みなし仕入率に関して、消費税の課税事業者における課税仕入率の更なる実態調査を行っている。

（2） 過去に本則課税を適用してその後簡易課税制度を適用している事業者の状況

（1）のとおり、多くの簡易課税制度適用者において、みなし仕入率が課税仕入率を上回っている状況となっていた。そこで、同一の事業者について、簡易課税制度を適用した課税期間の納付消費税額の課税標準額（注7）に対する割合（以下「消費税納付率」という。）と本則課税を適用した課税期間の消費税納付率とを比較するために、直近の課税期間において簡易課税制度を適用していて、法人の場合は過去4年以内に、個人事業者の場合は過去2年以内にそれぞれ本則課税を適用したことがある2,023法人、633個人事業者、計2,656事業者の各課税期間における消費税納付率を分析したところ、法人及び個人事業者とも簡易課税制度を適用した課税期間の消費税納付率の方が、本則課税を適用した課税期間の消費税納付率より低くなっていた（表7及び表8参照）。

（注7） 課税標準額　税額計算の基礎となるべき金額で、これに税率を乗じて課税売上げに係る消費税額を算出する。

表7　2,023法人の申告状況

（単位：千円）

区分＼課税期間	直近－4の課税期間	直近－3の課税期間	直近－2の課税期間	直近－1の課税期間	直近の課税期間	法人数
計算方法 課税標準額の平均〔1〕 納付消費税額の平均〔2〕	本則 40,523 868	簡易 40,876 618	簡易 41,489 632	簡易 42,716 654	簡易 43,749 673	266
消費税納付率（〔2〕／〔1〕）	2.14%	1.51%	1.52%	1.53%	1.53%	
計算方法 課税標準額の平均〔1〕 納付消費税額の平均〔2〕		本則 40,661 811	簡易 41,157 594	簡易 42,169 603	簡易 43,575 630	389
消費税納付率（〔2〕／〔1〕）		1.99%	1.44%	1.43%	1.44%	
計算方法 課税標準額の平均〔1〕 納付消費税額の平均〔2〕			本則 42,291 826	簡易 43,591 623	簡易 44,840 634	529
消費税納付率（〔2〕／〔1〕）			1.95%	1.43%	1.41%	
計算方法 課税標準額の平均〔1〕 納付消費税額の平均〔2〕				本則 46,027 882	簡易 46,694 685	839
消費税納付率（〔2〕／〔1〕）				1.91%	1.46%	

（注）　直近の課税期間において簡易課税制度を適用した事業者について、本則課税を適用した課税期間と比較するために、過去に遡り直近に本則課税を適用した課税期間以降の申告状況を示している（表8についても同じ。）。

表8 633個人事業者の申告状況

(単位：千円)

区分 \ 課税期間	直近－2の課税期間	直近－1の課税期間	直近の課税期間	個人事業者数
計算方法 課税標準額の平均〔1〕 納付消費税額の平均〔2〕	本則 38,496 756	簡易 36,237 548	簡易 39,807 599	260
消費税納付率 （〔2〕／〔1〕）	1.96%	1.51%	1.50%	
計算方法 課税標準額の平均〔1〕 納付消費税額の平均〔2〕		本則 41,466 847	簡易 42,855 662	373
消費税納付率 （〔2〕／〔1〕）		2.04%	1.54%	

（注）　個人事業者については、税務署内に保管されている3年分の課税書類により分析した。

　また、前記の2,023法人及び633個人事業者について簡易課税制度を適用した各課税期間と本則課税を適用した課税期間の消費税納付率を事業者ごとに比較すると、簡易課税制度を適用した課税期間の消費税納付率の方が低くなっているのは1,669法人及び475個人事業者であり、高くなっているのは368法人及び161個人事業者（注8）であった。

　これらの2,023法人、633個人事業者、計2,656事業者について、簡易課税制度を適用して計算した納付消費税額が、本則課税を適用したとして試算した推計納付消費税額（注9）に対して、低額となっている事業者数及び金額は1,675法人、11億1,101万余円及び473個人事業者、2億0,697万余円、計2,148事業者で13億1,798万余円、高額となっている事業者数及び金額は348法人、1億1,805万余円及び160個人事業者、3,200万余円、計508事業者で1億5,005万余円（注10）となっていた。

（注8）　課税期間により簡易課税制度を適用して計算した消費税納付率が、本則課税を適用して計算した消費税納付率より低くなっていたり、高くなっていたりしている事業者が14法人及び3個人事業者ある。
（注9）　2,023法人、633個人事業者、計2,656事業者について、簡易課税制度を適用した課税期間において本則課税を適用したとして納付消費税額を推計する方法は、次のとおりとした。
　　　〔1〕　税抜経理方式を採っていて消費税等差額を計上している事業者は、消費税差額と簡易課税制度を適用して計算した納付消費税額の合計額
　　　〔2〕　税抜経理方式を採っているが消費税等差額を計上しているかどうか明確ではない事業者及び税込経理方式を採っている事業者は、簡易課税制度適用時の課税標準額に、本則課税適用時の消費税納付率を乗ずるなどして試算
（注10）　直近の課税期間において簡易課税制度を適用した事業者ごとに、本則課税を適用した課税期間まで過去に遡り、その間の各課税期間について、推計納付消費税額と簡易課税制度を適用して計算した納付消費税額の差額を通算した金額としている。

　このように、同一の事業者について比較しても、多くの簡易課税制度適用者において、

消費税納付率が本則課税を適用した課税期間より低くなっており、簡易課税制度の適用により事務負担に配慮され事務の簡素化が図られた上に、簡易課税制度を適用して計算した納付消費税額が本則課税を適用したとして試算した推計納付消費税額に対して低額となっていて、いわゆる益税が生じている状況となっていた。

（3） 多額の課税売上高を有する法人の簡易課税制度適用状況

第1期課税期間又は第2期課税期間（注11）において多額の課税売上高（5億円超）を有し、簡易課税制度を適用して申告している法人で、消費税等差額を計上している11法人、消費税等差額の推計が可能な1法人、計12法人について、両課税期間の課税売上高の状況をみたところ、表9のとおりとなっており、これらの12法人では、後述のとおりいわゆる益税が生じている状況となっていた。

（注11） 吸収合併に係る合併法人については、合併後最初の課税期間を第1期課税期間、その後の課税期間を第2期課税期間としている

表9　課税売上高別法人数

課税売上高	5億円超10億円以下	10億円超20億円以下	20億円超30億円以下	30億円超40億円以下	40億円超50億円以下	50億円超60億円以下	計
法人数	6	1	3	0	1	1	12

（注）　両課税期間で簡易課税制度を適用した11法人については、大きい方の課税売上高で記載している。

このように各法人の課税売上高が多額であるのに、簡易課税制度を適用していることから、法人の設立の経緯等について検査したところ、次のとおりとなっていた。

ア　吸収合併又は吸収分割により事業を承継した法人　　　　　　　　　　　7法人

前記のとおり、吸収合併又は吸収分割があった場合の事業者免税点制度の適用に当たり、当該吸収合併に係る合併法人又は当該吸収分割に係る分割承継法人の基準期間における課税売上高が1,000万円を超えるかどうかについては、当該合併法人又は当該分割承継法人の基準期間における課税売上高のみならず、当該吸収合併に係る被合併法人又は当該吸収分割に係る分割法人の課税売上高も考慮して判定することとされている。一方、簡易課税制度の適用に当たり、当該吸収合併に係る合併法人又は当該吸収分割に係る分割承継法人の基準期間における課税売上高が5,000万円を超えるかどうかについては、当該合併法人又は当該分割承継法人の基準期間における課税売上高のみによって判定することとされている。

吸収合併又は吸収分割により事業を承継し、多額の課税売上高を有する課税期間にお

いて簡易課税制度を適用して申告している合併法人及び分割承継法人が計7法人あった。これらの吸収合併に係る合併法人と被合併法人及び吸収分割に係る分割承継法人と分割法人は親子会社関係等の密接な関係にあり、簡易課税制度を適用できる規模の小さな合併法人又は分割承継法人が、簡易課税制度を適用できない規模の大きな被合併法人又は分割法人から多額の売上げを有する事業を承継して簡易課税制度を適用していた。

イ　上場企業である法人等が設立した新設法人（アに該当するものを除く。）　　5法人
　　上場企業である法人等が設立した法人で簡易課税制度を適用して申告している法人が5法人あった。これらの5法人は、新設法人であり、設立当初の両課税期間は基準期間がないことから、簡易課税制度を適用することが可能となったものである。
　　これら12法人が、簡易課税制度を適用して申告している各課税期間の課税標準額は計342億7,698万余円、消費税差額は計3億4,542万余円となっていて、特に、吸収分割に係る分割承継法人の場合が、5法人で課税標準額は計248億6,911万余円、消費税差額は計2億7,661万余円と多額となっていた（表省略）。そして、これらのうち11法人は、簡易課税制度の適用により事務負担に配慮され事務の簡素化が図られている上に、消費税差額3億5,495万余円を法人税の申告において益金に算入し納付消費税額が本則課税を適用した場合と比較して低額となっていて、いわゆる益税が生じている状況となっていた。また、1法人は、消費税差額として第1期課税期間は830万余円を益金に、第2期課税期間は1,783万余円を損金に算入していて、両課税期間でみると納付消費税額952万余円が本則課税を適用した場合と比較して高額となっていた。
　　そして、（1）から（3）までの検査の対象とした3,075法人、1,624個人事業者、計4,699事業者の簡易課税制度を適用したことにより納付消費税額が低額となっている事業者数及び納付消費税額の推計額は3,742事業者で21億7,647万余円、高額となっている事業者数及び納付消費税額の推計額は957事業者で2億2,712万余円となる。

4　所見
　　簡易課税制度は、中小事業者の事務負担に配慮して、事務の簡素化を図るために設けられたものである。そして、消費税に対する国民の信頼性等を向上させるために、これまでも簡易課税制度の適用対象となる基準期間における課税売上高の上限額の引下げによる適用範囲の見直しやみなし仕入率の事業区分の細分化によるみなし仕入率の水準の見直しが行われてきたところである。しかし、みなし仕入率が課税仕入率を上回ってかい離している場合には、価格を通じて消費者が負担している消費税相当額のうち国庫に

納付されない部分が事業者に残ることとなり、いわゆる益税が発生すると言われている。そして、このような益税の発生は、消費税に対する国民の信頼性を損ねることとなる。

　消費税に関する国民の関心が高い中で、本院は、簡易課税制度が有効かつ公平に機能しているかなどに着眼して検査したところ、次のような状況となっていた。

ア　簡易課税制度適用者について事業区分ごとにみなし仕入率と課税仕入率の平均を比較すると、みなし仕入率が全ての事業区分において課税仕入率の平均を上回っていた。その中でも第5種事業の課税仕入率の平均は、みなし仕入率との開差が顕著な状況となっていた。また、同じみなし仕入率を適用している事業区分においても、課税仕入率がみなし仕入率を上回っている事業者もいるが、課税仕入率がみなし仕入率を下回っている事業者の方が多数となっていた。

イ　同一の事業者について比較しても、多くの簡易課税制度適用者において、簡易課税制度を適用した課税期間の消費税納付率の方が、本則課税を適用した課税期間の消費税納付率より低くなっていた。

ウ　納付消費税額が低額となっている簡易課税制度適用者の中には、多額の課税売上高を有するような規模の大きな事業者も含まれていた。

　アからウまでの分析により、多くの簡易課税制度適用者において、簡易課税制度の適用により事務負担に配慮され事務の簡素化が図られた上に、納付消費税額が低額となっていて、いわゆる益税が生じている状況となっていた。そして、消費税率の引上げが行われれば、いわゆる益税は増大していくことが懸念されるところである。

　財務省は、前記のとおり、みなし仕入率に関して、消費税の課税事業者における課税仕入率の更なる実態調査を行っているとしており、その調査結果を踏まえて、みなし仕入率の水準について、必要な措置を講ずる改正が行われれば、いわゆる益税の問題は一定の改善が図られることとなるが、本院の検査によって明らかになった状況を踏まえて、今後、財務省において、簡易課税制度の在り方について、引き続き、様々な視点から有効性及び公平性を高めるよう不断の検討を行っていくことが肝要である。

　本院としては、今後とも簡易課税制度を含む消費税全般について、引き続き注視していくこととする。

付録2

平成26年4月1日以後に行われる資産の譲渡等に適用される消費税率等に関する経過措置の取扱いQ&A（抜粋）

《目次》 ※3，4及び6から8までは省略しております。（編著）

1 施行日前後の取引に係る税率の適用関係等

問1 （施行日前後の取引に係る消費税法の適用関係の原則） ……………………… 159

問2 （施行日の前日までに購入した在庫品） ……………………………………………… 159

問3 （決算締切日の取扱い） ……………………………………………………………………… 159

問4 （施行日を含む1年間の役務提供を行う場合） ………………………………… 160

問5 （施行日前後の返品等の取扱い） …………………………………………………… 160

4 工事の請負等の税率に関する経過措置

問17 （工事の請負等の税率等に関する経過措置の概要） ……………………… 161

問18 （工事の請負等に係る契約の範囲） ……………………………………………… 162

問19 （契約書等のない工事） ……………………………………………………………… 162

問20 （工事の請負の着手日） ……………………………………………………………… 163

問21 （下請工事） ……………………………………………………………………………… 163

問22 （地方公共団体の仮契約による契約日の判定） ……………………………… 164

問23 （機械設備等の販売に伴う据付工事） …………………………………………… 164

問24 （「その他の請負に類する契約」の範囲） ………………………………………… 165

問25 （「仕事の完成に長期間を要するもの」の意義） ……………………………… 165

問26 （目的物の引渡しを要しない請負等の契約に関する取扱い） …………… 166

問27 （「仕事の内容につき相手方の注文が付されていること」の範囲） ……… 166

問28 （「建物の譲渡を受ける者の注文」の範囲） …………………………………… 167

問29 （建物の譲渡を受ける者の注文の有無の確認方法） ……………………… 168

問30 （建築後に注文を受けて譲渡する建物の取扱い） ………………………… 168

問31 （青田売りマンション） ………………………………………………………………… 168

問32 （経過措置適用工事に係る請負金額に増減があった場合） …………… 169

問33 （経過措置の適用を受ける工事のための課税仕入れ） …………………… 171

問34 （経過措置の適用を受けているものであることの通知） ………………… 171

5 資産の貸付けの税率等に関する経過措置

問35 （資産の貸付けの税率等に関する経過措置の概要） ……………………… 172

問36 （売買として取り扱われるリース取引） …………………………………………… 173

問37 （自動継続条項のある賃貸借契約） ……………………………………………… 173

問38 （貸付期間中の解約条項がある場合） …………………………………………… 175

問39 （「対価の額が定められている」の意義） ………………………………………… 176

問40（賃貸料の変更があらかじめ決まっている場合）……………………………… 176
問41（一定期間賃貸料の変更が行えない場合）…………………………………… 177
問42（「消費税率の改正があったときは改正後の税率による」旨の定め）……… 177
問43（正当な理由による対価の増減）……………………………………………… 178

9　その他の経過措置

問53（長期割賦販売等に係る資産の譲渡等の時期の特例を受ける場合における税
　　率等に関する経過措置の概要）………………………………………………… 179
問54（工事の請負に係る資産の譲渡等の時期の特例を受ける場合における税率等
　　に関する経過措置の概要）……………………………………………………… 179
問55（特定新聞等の税率等に関する経過措置の概要）…………………………… 180
問56（有料老人ホーム（介護サービス）の税率等に関する経過措置の概要）………… 180
問57（リース延払基準の方法により経理した場合の長期割賦販売等に係る資産の
　　譲渡等の時期の特例を受ける場合における税率等に関する経過措置の概要）……… 181
問58（リース譲渡に係る資産の譲渡等の時期の特例を受ける場合における税率等
　　に関する経過措置の概要）……………………………………………………… 181
問59（施行日前の借入金の返済に充てる補助金の交付を受けた場合）………… 182

【凡　　例】

文中、文末引用の条文等の略称は、次のとおりである。

【法令】

改正法……………………社会保障の安定財源の確保等を図る税制の抜本的な改革を行うための消費税法の一部を改正する等の法律（平成24年法律第68号）

改正令……………………消費税法施行令の一部を改正する政令（平成25年政令第56号）

【通達】

基通………………………消費税法基本通達（平成7年12月25日付課消2－25ほか4課共同「消費税法基本通達の制定について」通達の別冊）

経過措置通達……………平成25年3月25日付課消1－9ほか4課共同「平成26年4月1日以後に行われる資産の譲渡等に適用される消費税率等に関する経過措置の取扱いについて」（法令解釈通達）

【用語】

新消費税法………………改正法第2条《消費税法の一部改正》の規定による改正後の消費税法

旧消費税法………………改正法第2条《消費税法の一部改正》の規定による改正前の消費税法

新税率……………………新消費税法第29条《税率》に規定する税率

旧税率……………………旧消費税法第29条《税率》に規定する税率

施行日……………………改正法附則第2条《消費税法の一部改正に伴う経過措置の原則》に規定する施行日（平成26年4月1日）

指定日……………………改正法附則第5条第3項《工事の請負等の税率等に関する経過措置》に規定する指定日（平成25年10月1日）

1　施行日前後の取引に係る税率の適用関係等

（施行日前後の取引に係る消費税法の適用関係の原則）

問1　施行日前後の取引に係る消費税法の適用関係を教えてください。

【答】

　新消費税法は、施行日以後に国内において事業者が行う資産の譲渡等並びに施行日以後に国内において事業者が行う課税仕入れ及び保税地域から引き取られる課税貨物（以下「課税仕入れ等」といいます。）に係る消費税について適用し、施行日前に国内において事業者が行った資産の譲渡等及び課税仕入れ等に係る消費税については、なお従前の例によることとされています（改正法附則2）。

　したがって、施行日の前日（平成26年3月31日）までに締結した契約に基づき行われる資産の譲渡等及び課税仕入れ等であっても、施行日以後に行われるものは、経過措置が適用される場合を除き、当該資産の譲渡等及び課税仕入れ等について新消費税法が適用されることとなります（経過措置通達2）。

（施行日の前日までに購入した在庫品）

問2　施行日の前日（平成26年3月31日）までに仕入れた商品を施行日以後に販売した場合、消費税法の適用関係はどのようになりますか。

【答】

　新消費税法は、経過措置が適用される場合を除き、施行日以後に行われる資産の譲渡等及び課税仕入れ等について適用されます（改正法附則2）。

　したがって、照会のように、施行日の前日（平成26年3月31日）までに仕入れた商品を施行日以後に販売する場合には、当該販売については新消費税法（新税率）が適用されますが、商品の仕入れについては施行日の前日までに行われたものですから、課税仕入れに係る消費税額は旧消費税法の規定に基づき計算することとなります（経過措置通達3）。

（決算締切日の取扱い）

問3　当社（3月決算法人）では、毎年3月20日を決算締切日としており、法人税基本通達2－6－1《決算締切日》の取扱いを適用していますが、この場合の消費税法の適用関係はどのようになりますか。

【答】

　法人税基本通達2－6－1《決算締切日》の取扱いを適用している場合であっても、

施行日前に行われた資産の譲渡等及び課税仕入れ等については旧消費税法が適用され、施行日以後に行われる資産の譲渡等及び課税仕入れ等については、経過措置が適用される場合を除き、新消費税法が適用されます（改正法附則2）。

したがって、照会の場合、平成26年3月21日から平成26年3月31日までの間に行われる資産の譲渡等及び課税仕入れ等については旧消費税法が適用されることとなります。

なお、継続的に、売上げ及び仕入れの締切日を一致させる処理をしている場合には、平成26年3月21日から平成26年3月31日までの間の売上げ及び仕入れについては、平成26年4月分の売上げ及び仕入れとして、消費税の申告をして差し支えありません。

（施行日を含む1年間の役務提供を行う場合）

問4　平成26年3月1日に、同日から1年間のコピー機械等のメンテナンス契約を締結するとともに、1年分のメンテナンス料を受領した場合、消費税法の適用関係はどのようになりますか。

【答】

役務の提供に係る資産の譲渡等の時期は、物の引渡しを要するものにあってはその目的物の全部を完成して引き渡した日、物の引渡しを要しないものにあってはその約した役務の全部を完了した日とされています（基通9－1－5）。

照会の役務の提供は、物の引渡しを要しないものですから、資産の譲渡等の時期は役務の全部を完了する日である平成27年2月28日となります。

したがって、施行日以後に行う課税資産の譲渡等となりますから、原則として新消費税法（新税率）が適用されます。

ただし、契約又は慣行により、1年分の対価を収受することとしており、事業者が継続して当該対価を収受したときに収益に計上しているときは、施行日の前日（平成26年3月31日）までに収益に計上したものについて旧消費税法（旧税率）を適用して差し支えありません。

（施行日前後の返品等の取扱い）

問5　販売商品の返品について、例えば、4月中に返品を受けた商品は、3月中の販売に対応するものとして処理している場合、平成26年4月中の返品については平成26年3月中の販売に対応するものとして、旧消費税法の規定に基づき売上げに係る対価の返還等に係る消費税額の計算を行って差し支えないですか。

【答】

　施行日前に行った商品の販売について、施行日以後に商品が返品され、対価の返還等をした場合には、旧消費税法の規定に基づき売上げに係る対価の返還等に係る消費税額の計算することとされています（改正法附則11）。

　照会のように、合理的な方法により継続して返品等の処理を行っている場合には、事業者が継続している方法により、売上げに係る対価の返還等に係る消費税額を計算しても差し支えありません。

　なお、このように取り扱う場合には、取引当事者間において取り交わす請求書等に適用税率を明記し、取引の相手方は当該請求書等に記載された税率により仕入れに係る対価の返還等に係る消費税額を計算することとなります。

4　工事の請負等の税率に関する経過措置

（工事の請負等の税率等に関する経過措置の概要）

問17　工事の請負等の税率等に関する経過措置の概要を教えてください。

【答】

　事業者が、平成8年10月1日から指定日の前日（平成25年9月30日）までの間に締結した工事の請負に係る契約、製造の請負に係る契約及びこれらに類する一定の契約に基づき、施行日以後に当該契約に係る課税資産の譲渡等を行う場合には、当該課税資産の譲渡等（指定日以後に当該契約に係る対価の額が増額された場合には、当該増額される前の対価の額に相当する部分に限ります。）については、旧税率が適用されます（改正法附則5③）。

　なお、事業者が、この経過措置の適用を受けた課税資産の譲渡等を行った場合には、その相手方に対して当該課税資産の譲渡等がこの経過措置の適用を受けたものであることを書面で通知することとされています（改正法附則5⑧）。

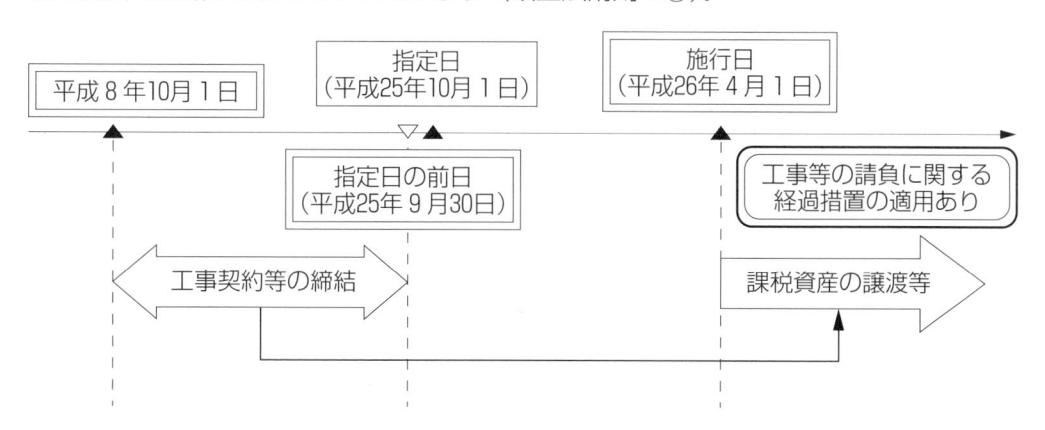

(工事の請負等に係る契約の範囲)

問18 改正法附則第5条第3項《工事の請負等に関する税率等の経過措置》に規定する経過措置の適用対象となる契約はどのようなものですか。

【答】

改正法附則第5条第3項《工事の請負等に関する税率等の経過措置》に規定する経過措置の適用対象となる契約は、平成8年10月1日から指定日の前日（平成25年9月30日）までの間に締結した次の契約です（改正法附則5③）。

① 工事の請負に係る契約

日本標準産業分類（総務省）の大分類の建設業に分類される工事につき、その工事の完成を約し、かつ、それに対する対価を支払うことを約する契約をいいます（経過措置通達10）。

② 製造の請負に係る契約

日本標準産業分類（総務省）の大分類の製造業に分類される製造につき、その製造に係る目的物の完成を約し、かつ、それに対する対価を支払うことを約する契約をいいます（経過措置通達11）。

(注) 製造物品であっても、その製造がいわゆる「見込み生産」によるものは「製造の請負に係る契約」によって製造されたものにはなりません。

③ これらに類する契約

測量、地質調査、工事の施工に関する調査、企画、立案及び監理並びに設計、映画の制作、ソフトウエアの開発その他の請負に係る契約（委任その他の請負に類する契約を含みます。）で、仕事の完成に長期間を要し、かつ、当該仕事の目的物の引渡しが一括して行われることとされているもののうち、当該契約に係る仕事の内容につき相手方の注文が付されているものをいいます（改正令附則4⑤）。

(注) 「仕事の内容につき相手方の注文が付されているもの」には、建物の譲渡に係る契約で、当該建物の内装若しくは外装又は設備の設置若しくは構造についての当該建物の譲渡を受ける者の注文に応じて建築される建物に係るものも含まれます。

(契約書等のない工事)

問19 改正法附則第5条第3項《工事の請負等に関する税率等の経過措置》に規定する経過措置の適用を受けようとする場合、契約書その他の書類を作成しなければならないのですか。

【答】

改正法附則第5条第3項《工事の請負等の税率等に関する経過措置》に規定する経過

措置は、指定日の前日までに工事の請負等に係る契約を締結し、施行日以後に当該契約に係る目的物の引渡し等が行われる工事の請負等について適用されます。

契約書その他の書類を作成しているかどうかは、この経過措置の適用を受ける要件となっていませんが、経過措置の適用があることを明らかにするためには、契約の締結時期や工事内容が経過措置の適用要件を満たすことについて契約書その他の書類により明らかにしておく必要があります。

（工事の請負の着手日）

問20　当社が受注した建設工事について、改正法附則第5条第3項《工事の請負等に関する税率等の経過措置》に規定する経過措置の適用を受けようとする場合、当該工事については、施行日前までに着手しなければならないのですか。

【答】

改正法附則第5条第3項《工事の請負等の税率等に関する経過措置》に規定する経過措置は、指定日の前日までに工事の請負等に係る契約を締結し、施行日以後に当該契約に係る目的物の引渡し等が行われる工事の請負等について適用されます。

したがって、指定日の前日までに工事の請負契約を締結したものであれば、施行日前に着手するかどうか、また、その契約に係る対価の全部又は一部を収受しているかどうかにかかわらず、この経過措置が適用されることとなります。

（下請工事）

問21　当社では、受注した建設工事の全部を下請会社に発注しました。

当社が受注した建設工事について、改正法附則第5条第3項《工事の請負等に関する税率等の経過措置》に規定する経過措置が適用される場合、下請工事についても、この経過措置が適用されますか。

【答】

工事の請負等に係る契約に基づき行われる工事について、改正法附則第5条第3項《工事の請負等に関する税率等の経過措置》に規定する経過措置が適用されるかどうかは、個々の取引により判断することとなります。

したがって、照会の下請工事については、その契約の締結時期や工事内容が、この経過措置の適用要件を満たす場合には、経過措置が適用されます。

（地方公共団体の仮契約による契約日の判定）

問22 当市では、一定金額を超える工事を発注する場合には、予算上の制約等から議会の承認（議決）を得ることとなっています。

　このため、議会の承認を得る前に入札等により請負業者、請負金額等が決定している場合には、当市と業者との間で、「議会の承認を得た場合に本契約を締結し工事を実施する」旨を定めた仮契約を締結しています。

　この場合、工事に係る仮契約の契約締結日が指定日前であれば、仮契約した工事について、改正法附則第5条第3項《工事の請負等に関する税率等の経過措置》に規定する経過措置の適用対象となりますか。

【答】

　照会の仮契約は、議会の承認を得た場合には本契約を締結し、工事を実施することを内容とするものですから、一種の停止条件付請負契約であると考えられます。

　このような停止条件付契約も、「工事の請負に係る契約」に含まれますから、指定日の前日までに仮契約した工事については、改正法附則第5条第3項《工事の請負等に関する税率等の経過措置》に規定する経過措置の適用対象となります。

（機械設備等の販売に伴う据付工事）

問23 機械設備等の販売契約における一条項として据付工事に関する定めがある場合、当該据付工事について改正法附則第5条第3項《工事の請負等に関する税率等の経過措置》に規定する経過措置が適用されますか。

【答】

　改正法附則第5条第3項《工事の請負等の税率等に関する経過措置》に規定する経過措置は、指定日の前日までに工事の請負等に係る契約を締結し、施行日以後に当該契約に係る目的物の引渡し等が行われる工事の請負等について適用されますが、機械設備等の販売契約における一条項として据付工事に関する定めがあり、かつ、当該契約においてその据付工事に係る対価の額が合理的に区分されているときは、機械設備等の本体の販売契約とその据付工事に関する契約とに区分して同項の規定を適用することがその取引の実態に適合するものと考えられますから、当該契約に基づき行われる据付工事については、同項に規定する工事の請負に係る契約に基づく工事に該当するものとして取り扱われます（経過措置通達12）。

　この取扱いは、据付工事部分を「工事の請負に係る契約」に基づくものとして経過措置の適用対象とするものですから、例えば、その機械設備等の販売契約が指定日以後に

締結され、その据付工事が施行日以後に行われたときは、経過措置の適用対象とならないということであり、また、その機械設備等の販売契約が指定日の前日までに締結されたとしても、指定日以後に据付工事に係る対価の額が増額されたときは、その増額部分については経過措置の適用対象になりません。

なお、契約書の名称が「機械販売契約書」等となっていても、その契約内容が機械設備の製造を請け負うものであり、当該製造請負の対価が据付工事に係る対価を含んだところで契約されている場合、当該契約に基づき行われる機械の製造及び据付工事はその全体についてこの経過措置の適用対象となります。

(「その他の請負に類する契約」の範囲)

問24　改正令附則第4条第5項では、工事の請負に係る契約に類する契約として、「測量、地質調査、工事の施工に関する調査、企画、立案及び監理並びに設計、映画の制作、ソフトウエアの開発その他の請負に係る契約（委任その他の請負に類する契約を含む。）」と規定していますが、「その他の請負に係る契約」及び「委任その他の請負に類する契約」とは、どのような契約をいうのですか。

【答】

「その他の請負に係る契約」としては、例えば、修繕、運送、保管、印刷、広告、仲介、技術援助、情報の提供に係る契約が、また、「委任その他の請負に類する契約」としては、例えば、検査、検定等の事務処理の委託、市場調査その他の調査に係る契約が考えられます。

なお、改正法附則第5条第3項《工事の請負等に関する税率等の経過措置》に規定する経過措置の適用対象となるのは、これらの契約のうち、仕事の目的物の引渡しが一括して行われることとされているなど一定の要件を満たすものに限られます（改正令附則4⑤）から、個々の契約内容により経過措置の適用の有無を判断することになります。

(「仕事の完成に長期間を要するもの」の意義)

問25　改正令附則第4条第5項に規定する工事の請負に係る契約に類する契約については、「仕事の完成に長期間を要するものであること」が要件とされていますが、この「長期間」とはどの程度の期間をいうのでしょうか。

【答】

改正令附則第4条第5項では、工事の請負に係る契約に類する契約として、「測量、地質調査、工事の施工に関する調査、企画、立案及び監理並びに設計、映画の制作、ソ

フトウエアの開発その他の請負に係る契約（委任その他の請負に類する契約を含む。）」と規定していますが、これらは仕事の性質上、その仕事が完成するまでに長期間を要するのが通例であり、実際の仕事の完成までの期間の長短については問わないものとして取り扱って差し支えありません。

（目的物の引渡しを要しない請負等の契約に関する取扱い）

問26　改正令附則第4条第5項に規定する工事の請負に係る契約に類する契約については、「仕事の目的物の引渡しが一括して行われること」が要件とされていますが、目的物の引渡しを要しない請負等の契約の場合には、この要件を満たさないことになるのですか。

【答】

　目的物の引渡しを要しない請負等の契約であっても、例えば、運送、設計、測量などで、その約した役務の全部の完了が一括して行われることとされているものは、「仕事の目的物の引渡しが一括して行われること」の要件を満たすこととなります。

　一方で、例えば、月極めの警備保障又はメンテナンス契約のように期間極めの契約の場合には、その約した役務の全部の完了が一括して行われるものではありませんから「仕事の目的物の引渡しが一括して行われること」の要件を満たしません。

　なお、次の①、②に掲げるような場合には、請負等の契約に係る目的物の引渡しが部分的に行われるとしても、「仕事の目的物の引渡しが一括して行われること」の要件を満たすこととなります。

①　一の契約により同種の建設工事等を多量に請け負ったような場合で、その引渡量に応じて工事代金等を収入する旨の特約又は慣習がある場合

②　一の建設工事等であっても、その建設工事等の一部が完成し、その完成した部分を引き渡した都度その割合に応じて工事代金等を収入する旨の特約又は慣習がある場合

（「仕事の内容につき相手方の注文が付されていること」の範囲）

問27　改正令附則第4条第5項に規定する工事の請負に係る契約に類する契約については、「仕事の内容につき相手方の注文が付されている」契約であることが要件とされていますが、この「仕事の内容につき相手方の注文が付されている」契約とは、具体的にはどのようなものですか。

【答】

　「仕事の内容につき相手方の注文が付されている」契約とは、例えば、次のような契

約をいい、注文の内容、注文に係る規模の程度及び対価の額の多寡は問いません。
① 請負等の契約に係る目的物の仕様又は規格等について相手方の指示が付されている場合のその契約
② 請負等の契約に係る目的物の原材料を相手方が支給することとされている場合のその契約
③ 修理又は加工等を目的とする請負等の契約

なお、具体的には、次のようなものが該当します。
○ 名入アルバム、名入タオル、名入引出物の製作
○ カップ、トロフィーの名入
○ 絵画、工芸品等の修復
○ 肖像画、胸像等の製作
○ パック旅行の引受け
○ 結婚式、披露宴の引受け
○ インテリアの製作（カーテン、敷物の取付工事を含みます。）
○ どん帳の製作
○ 服、ワイシャツ等の仕立て
○ 宝飾品の加工

(「建物の譲渡を受ける者の注文」の範囲)
問28 改正令附則第4条第5項に規定する工事の請負に係る契約に類する契約については、「建物の譲渡に係る契約で、当該建物の内装若しくは外装又は設備の設置若しくは構造についての当該建物の譲渡を受ける者の注文に応じて建築される建物に係るものを含む。」とされています。
　この「建物の譲渡を受ける者の注文」とは、具体的にはどのようなものをいうのですか。

【答】
「建物の譲渡を受ける者の注文」とは、例えば、次に掲げる区分に応じ、それぞれに掲げるものにつき付される注文をいいます。
① 建物の内装……畳、ふすま、障子、戸、扉、壁面、床面、天井等
② 建物の外装……玄関、外壁面、屋根等
③ 建物の設備……電気設備、給排水又は衛生設備及びガス設備、昇降機設備、冷房、暖房、通風又はボイラー設備等

④　建物の構造……基礎、柱、壁、はり、階段、窓、床、間仕切り等

(注) 1　注文の内容、注文に係る規模の程度及び対価の額の多寡は問いません。
　　 2　その注文が壁の色又はドアの形状等の建物の構造に直接影響を与えないものも含まれます。

(建物の譲渡を受ける者の注文の有無の確認方法)

問29　改正法附則第5条第3項《工事の請負等に関する税率等の経過措置》に規定する経過措置の適用対象となる「譲渡を受ける者の注文に応じて建築される建物」であることを明らかにする方法としては、どのような方法がありますか。

【答】

改正法附則第5条第3項《工事の請負等に関する税率等の経過措置》に規定する経過措置の適用対象となる「譲渡を受ける者の注文に応じて建築される建物」であることを明らかにする方法としては、次のような方法が考えられます。

① 　当該建物の譲渡に係る契約書等において明らかにする。
② 　取引の前提条件を示す申込約款等において、いわゆるオプションを受け付ける部分を明示して、どの部分のオプションを受けたのかを申込書等において明らかにする。

(建築後に注文を受けて譲渡する建物の取扱い)

問30　当社では、一戸建ての建売住宅の販売を行っていますが、指定日の前日(平成25年9月30日)までに譲渡契約を締結し、当該住宅について、顧客が内装等に特別な注文を付すことができる場合には、改正法附則第5条第3項《工事の請負等に関する税率等の経過措置》に規定する経過措置が適用されますか。

【答】

既に建設されている住宅であっても、顧客の注文を受け、内外装等の模様替え等をした上で譲渡する契約を締結した場合には、その住宅が新築に係るものであり、かつ、その注文及び譲渡契約の締結が指定日の前日(平成25年9月30日)までに行われたものであるときは、改正法附則第5条第3項《工事の請負等に関する税率等の経過措置》に規定する経過措置が適用されます。

(青田売りマンション)

問31　マンションの販売を行っている当社では、事前にモデルルームを公開して、マンションの完成前に売買契約を締結する、いわゆる青田売りを行う場合があります。
　　　この場合、改正法附則第5条第3項《工事の請負等に関する税率等の経過措置》に規定する経過措置が適用されますか。

【答】

　改正法附則第5条第3項《工事の請負等に関する税率等の経過措置》の規定の適用対象となる契約には、建物の譲渡に係る契約で、当該建物の内装若しくは外装又は設備の設置若しくは構造についての当該建物の譲渡を受ける者の注文に応じて建築される建物に係るものも含むこととされています（改正令附則4⑤）。

　この場合の「注文に応じて」とは、譲渡契約に係る建物について、注文者が壁の色又はドアの形状等について特別の注文を付すことができることとなっているものも含まれます（経過措置通達13）。

　したがって、マンションの青田売りの場合であっても、壁の色又はドアの形状等について特別の注文を付すことができるマンションについて、指定日の前日（平成25年9月30日）までに譲渡契約を締結した場合には、この経過措置が適用されます。

　また、次のような場合の経過措置の適用関係は、それぞれ次のとおりとなります。

① 　建物の購入者の注文を付すことができる青田売りのマンションであるが、購入者の希望により標準仕様（モデルルーム仕様）の建物を譲渡した場合……購入者が「標準仕様」という注文を付したのであるから、指定日の前日までに契約をしたものであれば経過措置が適用されます。

② 　建物の購入者の注文を全く付すことができない青田売りマンション（設計図どおりの仕様で建築するマンション）を譲渡した場合……購入者が注文を付すことができないことから、経過措置が適用されません。

③ 　②のマンションで、契約後、購入者が内装等の注文を付すことを認め、その仕様に基づいて内装等をして建物を譲渡した場合……既に締結している契約を指定日の前日までに変更して、購入者の注文を付して建築した建物を譲渡する場合については、経過措置が適用されます。

（経過措置適用工事に係る請負金額に増減があった場合）

問32　当社が受注した改正法附則第5条第3項《工事の請負等に関する税率等の経過措置》に規定する経過措置が適用される工事の中には、当初契約の請負金額を一旦減額し、その後増額する場合や、これとは逆に当初契約の請負金額を一旦増額し、その後減額する場合があります。

　このように、請負金額の増減が指定日以後に行われた場合、経過措置の適用関係はどのようになりますか。

【答】

改正法附則第5条第3項《工事の請負等に関する税率等の経過措置》に規定する経過措置が適用される工事について、指定日以後に対価の額が増額された場合には、その増額部分については、この経過措置は適用されません。

したがって、経過措置が適用される工事に係る請負金額（対価の額）について、指定日以後に変更が生じた場合には、当初契約の請負金額との差額により次のとおり取り扱われます。

（注）1　指定日の前日までに締結した変更契約により当初契約の請負金額を増額又は減額している場合には、その変更後の請負金額を基に判定することとなります。

　　　2　増額の理由が、追加工事など当初の工事契約において定められていなかったことによるものの場合には、このようには取り扱われず、その追加工事ごとに経過措置が適用されるかどうか判断することになります。

① 最終の請負金額が当初契約の請負金額より少ない場合

最終の請負金額の全額が経過措置の適用対象となります。

〔例〕

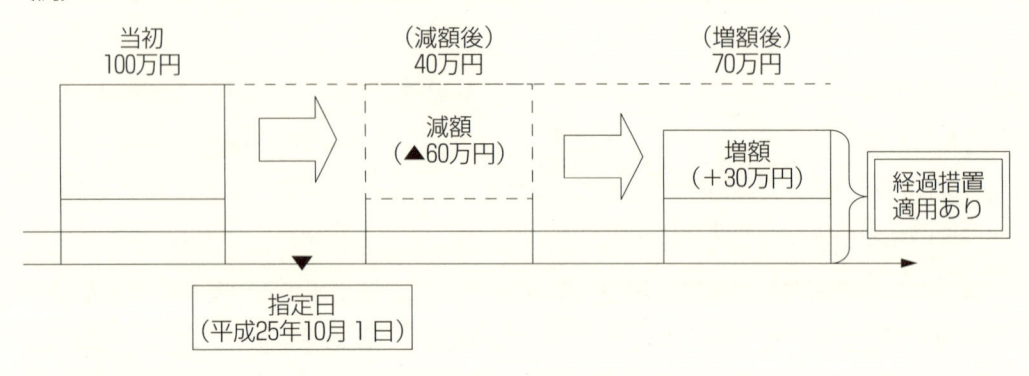

当初100万円 → （減額後）40万円　減額（▲60万円）→ （増額後）70万円　増額（+30万円）　経過措置適用あり

指定日（平成25年10月1日）

② 最終の請負金額が当初契約の請負金額より多い場合

当初契約の請負金額を超える部分については、経過措置が適用されません（新税率が適用されます。）。

〔例〕

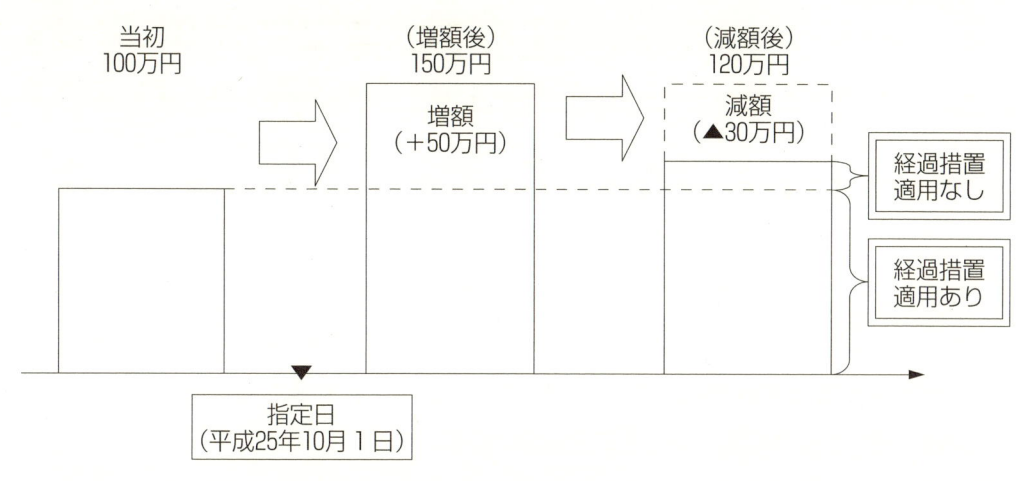

```
当初           (増額後)        (減額後)
100万円         150万円         120万円
              増額           減額
              (+50万円)      (▲30万円)    経過措置
                                        適用なし

                                        経過措置
                                        適用あり

        ▼
      指定日
   (平成25年10月1日)
```

(経過措置の適用を受ける工事のための課税仕入れ)

問33 改正法附則第5条第3項《工事の請負等に関する税率等の経過措置》に規定する経過措置の適用を受ける工事に要する課税仕入れで、施行日以後に行われたものについては、新消費税法に基づき仕入控除税額の計算をすることとなるのですか。

【答】

新消費税法は、経過措置が適用される場合を除き、施行日以後に行われる資産の譲渡等及び課税仕入れ等について適用されます(改正法附則2)。

したがって、改正法附則第5条第3項《工事の請負等に関する税率等の経過措置》に規定する経過措置の適用を受ける工事に要する課税仕入れであっても、施行日以後の課税仕入れについては、経過措置の適用を受けるものでない限り、新消費税法の規定に基づき課税仕入れに係る消費税額(仕入控除税額)を計算することとなります。

(経過措置の適用を受けているものであることの通知)

問34 工事の請負等について、改正法附則第5条第3項《工事の請負等に関する税率等の経過措置》に規定する経過措置の適用を受けた場合、その工事等の引渡しを受ける者(取引の相手方)に対し、経過措置の適用を受けたものであることを書面により通知するものとされていますが、具体的にはどのように行えばよいのですか。

【答】

通知に当たっては、経過措置の適用を受けた(旧税率が適用された)課税資産の譲渡等を特定し、当該課税資産の譲渡等が経過措置の適用を受けたものであることを書面に記載することとなりますので、例えば、消費税法第30条第9項《請求書等の範囲》に規

定する請求書等に、経過措置の適用を受けたものであることを表示することにより行って差し支えありません（経過措置通達22）。

なお、この通知をしたかどうかは、経過措置の適用関係に影響するものではありません。

(注) 改正法附則第5条第4項《資産の貸付けに関する税率等の経過措置》又は改正法附則第7条《工事の請負に係る資産の譲渡等の時期の特例を受ける場合における税率等に関する経過措置》に規定する経過措置の適用を受けた場合の通知についても同様です（改正法附則第7条に規定する経過措置の適用を受けた場合には、適用を受けた部分に係る対価の額についても通知する必要があります。）。

5 資産の貸付けの税率等に関する経過措置

（資産の貸付けの税率等に関する経過措置の概要）

問35 資産の貸付けの税率等に関する経過措置の概要を教えてください。

【答】

平成8年10月1日から指定日の前日（平成25年9月30日）までの間に締結した資産の貸付けに係る契約に基づき、施行日前から引き続き当該契約に係る資産の貸付けを行っている場合において、当該契約の内容が次の「①及び②」又は「①及び③」に掲げる要件に該当するときは、施行日以後に行う当該資産の貸付けについては、旧税率が適用されます（改正法附則5④、改正令附則4⑥）。

ただし、指定日以後に当該資産の貸付けの対価の額の変更が行われた場合、当該変更後における当該資産の貸付けについては、この経過措置は適用されません。

① 当該契約に係る資産の貸付期間及びその期間中の対価の額が定められていること。

② 事業者が事情の変更その他の理由により当該対価の額の変更を求めることができる旨の定めがないこと。

③ 契約期間中に当事者の一方又は双方がいつでも解約の申入れをすることができる旨の定めがないこと並びに当該貸付けに係る資産の取得に要した費用の額及び付随費用の額（利子又は保険料の額を含む。）の合計額のうちに当該契約期間中に支払われる当該資産の貸付けの対価の額の合計額の占める割合が100分の90以上であるように当該契約において定められていること。

なお、事業者が、この経過措置の適用を受けた課税資産の譲渡等を行った場合には、その相手方に対して当該課税資産の譲渡等がこの経過措置の適用を受けたものであることを書面で通知することとされています（改正法附則5⑧）。

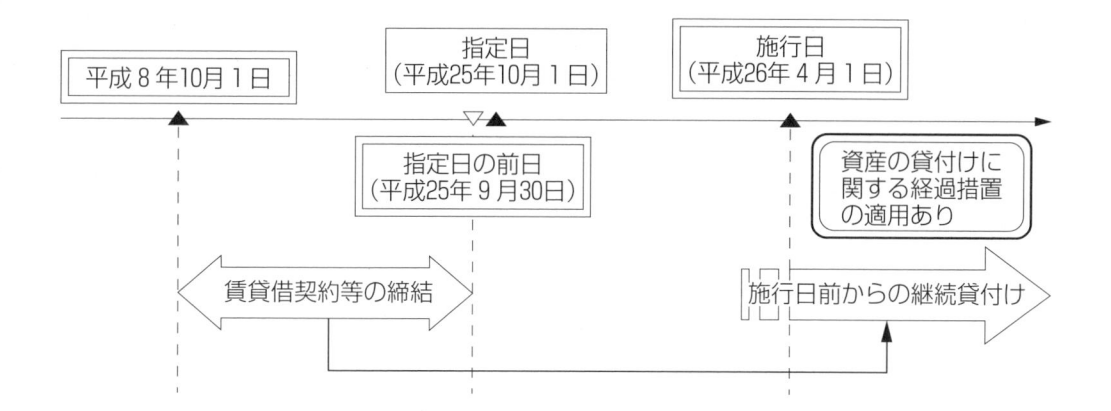

```
平成8年10月1日          指定日              施行日
                    (平成25年10月1日)    (平成26年4月1日)
                        指定日の前日              資産の貸付けに
                     (平成25年9月30日)           関する経過措置
                                                 の適用あり

        ←―― 賃貸借契約等の締結 ――→        ←― 施行日前からの継続貸付け ―→
```

（売買として取り扱われるリース取引）

問36　所得税法又は法人税法上、売買（資産の譲渡）として取り扱われるリース取引について、改正法附則第5条第4項《資産の貸付けに関する税率等の経過措置》に規定する経過措置が適用されますか。

【答】

　消費税法の適用に当たって、事業者が行うリース取引が、当該リース取引の目的となる資産の譲渡若しくは貸付け又は金銭の貸付けのいずれに該当するかは、所得税又は法人税の課税所得金額の計算における取扱いの例により判定されます（基通5－1－9）。

　改正法附則第5条第4項《資産の貸付けに関する税率等の経過措置》に規定する経過措置の適用対象となるのは、「資産の貸付け」に係るものですから、所得税法又は法人税法上、売買（資産の譲渡）として取り扱われるリース取引についてはこの経過措置が適用されません。

　なお、売買（資産の譲渡）として取り扱われるリース取引については、改正法附則第6条《長期割賦販売等に係る資産の譲渡等の時期の特例を受ける場合における税率等に関する経過措置》（問53参照）、改正令附則第6条《リース延払基準の方法により経理した場合の長期割賦販売等に係る資産の譲渡等の時期の特例を受ける場合における税率等に関する経過措置》（問57参照）及び改正令附則第8条《リース譲渡に係る資産の譲渡等の時期の特例を受ける場合における税率等に関する経過措置》（問58参照）の規定が適用される場合があります。

（自動継続条項のある賃貸借契約）

問37　当社が貸し付けているテナントビルに係る賃貸借契約は、指定日の前日（平成25年9月30日）までに締結しており、その契約内容は、改正法附則第5条第4項《資産

の貸付けに関する税率等の経過措置》に規定する経過措置の適用要件を満たすものです。

　ところで、この賃貸借契約には、自動継続条項が定められており、いずれか一方からの解約の申出がない限り、当初条件で自動的に賃貸借契約が継続されます。

　例えば、当初の貸付期間が施行日を含む２年間で、その後２年ごとに自動継続する場合、自動継続期間を含めて、経過措置が適用されますか。

【答】

　平成８年10月１日から指定日の前日（平成25年９月30日）までの間に締結した資産の貸付けに係る契約に基づき、施行日前から引き続き当該契約に係る資産の貸付けを行っている場合において、当該契約の内容が一定の要件に該当するときは、施行日以後に行う当該資産の貸付けについては、改正法附則第５条第４項《資産の貸付けに関する税率等の経過措置》に規定する経過措置により、旧税率が適用されます。

　照会の場合、自動継続条項があるとしても、契約における当初の貸付期間は２年間ですから、その２年間のうち、施行日以後に行われる貸付けのみがこの経過措置の適用対象となります。

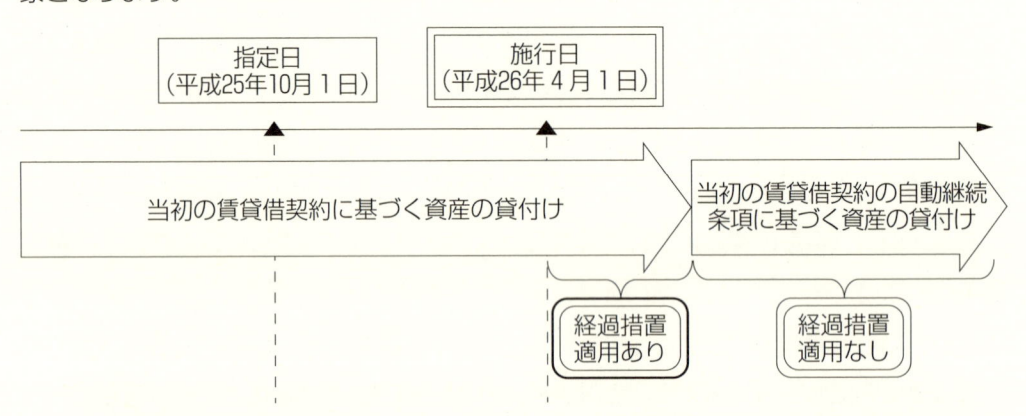

```
           指定日              施行日
      （平成25年10月１日）  （平成26年４月１日）
           ▲                   ▲
  ┌─────────────────────────────────┐┌──────────────────┐
  │  当初の賃貸借契約に基づく資産の貸付け    ││当初の賃貸借契約の自動継続│→
  │                                        ││条項に基づく資産の貸付け  │
  └─────────────────────────────────┘└──────────────────┘
                                     ┌────┐  ┌────┐
                                     │経過措置│  │経過措置│
                                     │適用あり│  │適用なし│
                                     └────┘  └────┘
```

（注）　自動継続条項のある賃貸借契約で、例えば、解約する場合は貸付期間満了日の○月前までに申し出ることとされている場合、解約申出期限を経過したときに当事者間の合意、すなわち新たな契約の締結があったものと考えるのが相当ですから、指定日の前日までに解約申出期限が経過して自動継続された契約に基づき、施行日前から施行日以後引き続き貸付けを行う場合には、その自動継続後の貸付けで施行日以後行われるものについてこの経過措置が適用されます。

　なお、指定日以後に解約申出期限が経過して自動継続された場合には、その自動継続後の貸付けについてこの経過措置は適用されません。

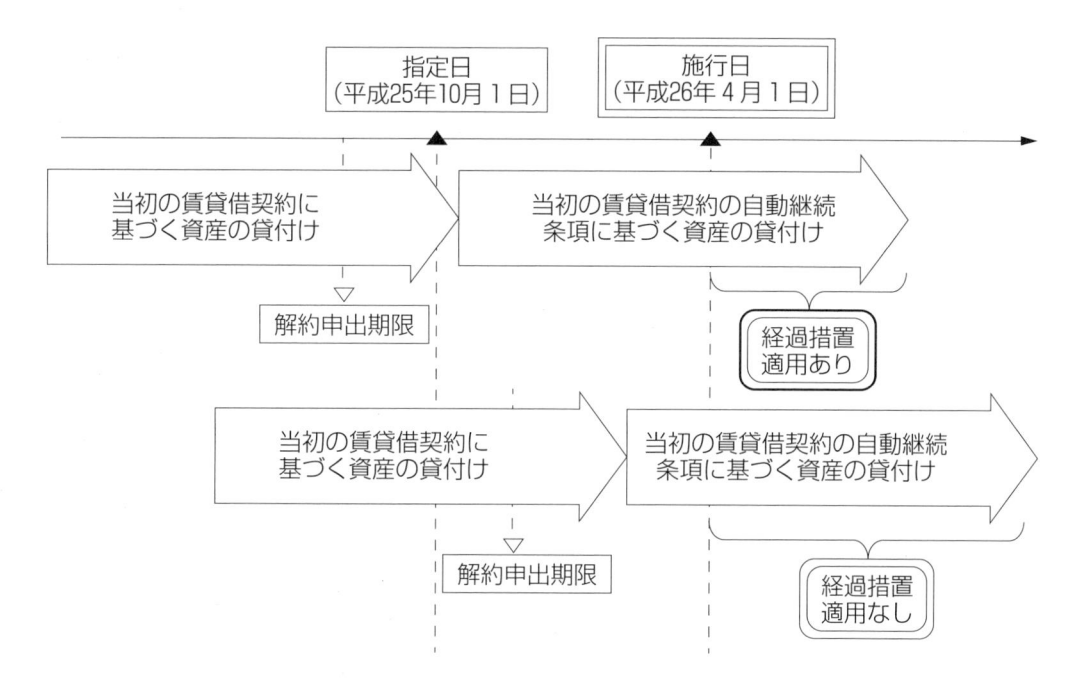

```
              指定日                 施行日
         (平成25年10月1日)        (平成26年4月1日)
              ▲                     ▲
┌─────────────────┐┌──────────────────────┐
│ 当初の賃貸借契約に  ││ 当初の賃貸借契約の自動継続 │
│ 基づく資産の貸付け  ││ 条項に基づく資産の貸付け  │
└─────────────────┘└──────────────────────┘
              │                    ┌─────┐
        ┌──────────┐              │経過措置│
        │解約申出期限│              │適用あり│
        └──────────┘              └─────┘

       ┌─────────────────┐┌──────────────────────┐
       │ 当初の賃貸借契約に  ││ 当初の賃貸借契約の自動継続 │
       │ 基づく資産の貸付け  ││ 条項に基づく資産の貸付け  │
       └─────────────────┘└──────────────────────┘
                     │                    ┌─────┐
               ┌──────────┐              │経過措置│
               │解約申出期限│              │適用なし│
               └──────────┘              └─────┘
```

(貸付期間中の解約条項がある場合)

問38 当社が貸し付けているテナントビルに係る賃貸借契約においては、貸付期間及び貸付期間中の賃貸料が定められており、かつ、賃貸料の変更はできないこととなっていますが、やむを得ない事情が生じた場合には、いつでも解約することができる旨の特約が付されています。

　このような解約条項がある賃貸借契約でも、改正法附則第5条第4項《資産の貸付けに関する税率等の経過措置》に規定する経過措置が適用されますか。

【答】

　平成8年10月1日から指定日の前日（平成25年9月30日）までの間に締結した資産の貸付けに係る契約に基づき、施行日前から引き続き当該契約に係る資産の貸付けを行っている場合において、当該契約の内容が次の「①及び②」又は「①及び③」に掲げる要件に該当するときは、施行日以後に行う当該資産の貸付けについては、旧税率が適用されます（改正法附則5④、改正令附則4⑥）。

① 当該契約に係る資産の貸付期間及びその期間中の対価の額が定められていること。

② 事業者が事業の変更その他の理由により当該対価の額の変更を求めることができる旨の定めがないこと。

③ 契約期間中に当事者の一方又は双方がいつでも解約の申入れをすることができる旨の定めがないこと並びに当該貸付けに係る資産の取得に要した費用の額及び付随費用の額（利子又は保険料の額を含む。）の合計額のうちに当該契約期間中に支払われる

当該資産の貸付けの対価の額の合計額の占める割合が100分の90以上であるように当該契約において定められていること。

照会の場合には、解約の申入れをすることができる旨が定められていますから、③の要件を満たしていませんが、①及び②の要件を満たしていますので、この経過措置が適用されます。

（「対価の額が定められている」の意義）
問39　改正法附則第5条第4項第1号に規定する「対価の額が定められている」とは、どのような場合をいうのですか。

【答】
　改正法附則第5条第4項第1号に規定する「対価の額が定められている」とは、契約において、当該契約期間中の対価の総額が具体的な金額により定められている場合又は総額が計算できる具体的な方法が定められている場合をいいます。
　したがって、次のようなものがこれに該当します。
①　契約期間中の賃貸料の総額を定めているもの
②　賃貸料の年額、月額等を、例えば、「年（月）額〇〇円」と定めており、これに契約期間の年数、月数等を乗じることにより、契約期間中の賃貸料の総額を計算できるもの
③　貸付けに係る資産の数量及び賃貸料の月額単価を、例えば、「〇台貸付け、1台当たり月額〇〇円とする。」と定めており、これに資産の数量及び契約期間の月数を乗じることにより、契約期間中の賃貸料の総額を計算できるもの
　なお、次のようなものは「対価の額が定められている」ものには該当しません。
①　建物の賃貸料を、例えば、「定額料金〇〇円に売上金額の〇％相当額を加算した額とする。」と定めているもの
②　建物の賃貸料を、例えば「その年の固定資産税の〇倍とする。」と定めているもの

（賃貸料の変更があらかじめ決まっている場合）
問40　当社が貸し付けているテナントビルに係る賃貸借契約は、指定日の前日（平成25年9月30日）までに締結しており、その契約内容は、貸付期間を2年間とし、その期間中の賃貸料につき最初の1年間は月20万円、残りの1年間は月15万円としています。
　この賃貸借契約について、改正法附則第5条第4項《資産の貸付けに関する税率等の経過措置》に規定する経過措置が適用されますか。

【答】
　改正法附則第5条第4項《資産の貸付けに関する税率等の経過措置》に規定する経過措置の適用要件の1つとして、同項第1号において「対価の額が定められていること」が掲げられています。
　照会の場合には、貸付期間中に賃料が変動しますが、貸付期間及びその期間中の対価の額があらかじめ定められていることから、「対価の額が定められていること」に該当します。
　したがって、照会の場合、他の適用要件を満たしている場合には、この経過措置が適用されます。

（一定期間賃貸料の変更が行えない場合）

問41　改正法附則第5条第4項《資産の貸付けに関する税率等の経過措置》に規定する経過措置は、「対価の額の変更を求めることができる旨の定めがないこと」が適用要件とされていますが、例えば、2年間は賃貸料の変更を行うことができないとする定めは、この要件に該当しますか。

【答】
　改正法附則第5条第4項《資産の貸付けに関する税率等の経過措置》に規定する経過措置の適用要件の1つとして、同項第2号において「対価の額の変更を求めることができる旨の定めがないこと」が掲げられています。
　照会の場合には、2年間は賃貸料の変更を行うことができないこととされていますから、その2年間は、「対価の額の変更を求めることができる旨の定めがないこと」の要件を満たします。
　したがって、他の要件を満たしている場合には、2年間はこの経過措置が適用されます。

（「消費税率の改正があったときは改正後の税率による」旨の定め）

問42　資産の貸付けに係る契約において、資産を借り受けた者が支払うべき消費税相当分について「消費税率の改正があったときは改正後の税率による」旨を定めている場合の当該定めは、改正法附則第5条第4項第2号に規定する「対価の額の変更を求めることができる旨の定め」に該当しますか。

【答】
　改正法附則第5条第4項《資産の貸付けに関する税率等の経過措置》に規定する経過

措置の適用要件の1つとして、同項第2号において「対価の額の変更を求めることができる旨の定めがないこと」が掲げられています。

照会のような「消費税率の改正があったときは改正後の税率による」旨の定めは、「事業者が事情の変更その他の理由により当該対価の額の変更を求めることができる旨の定め」に該当しないものとして取り扱われます（経過措置通達17）。

したがって、資産の貸付けに係る契約において「消費税率の改正があったときは改正後の税率による」旨の定めがあったとしても、当該契約の内容が他の要件を満たす場合には経過措置が適用され、新税率が適用されないこととなりますから、結果として、当該契約に定める「消費税率の改正があったとき」には該当しないこととなります。

なお、経過措置の対象となる資産の貸付けについて、当該資産の貸付けに係る契約における「消費税率の改正があったときは改正後の税率による」旨の定めに基づき、指定日以後に賃貸料を変更した場合には、変更後の資産の貸付けについては経過措置の対象となりません（改正法附則5④ただし書）。

（正当な理由による対価の増減）

問43 改正法附則第5条第4項《資産の貸付けに関する税率等の経過措置》の規定が適用される資産の貸付けについて、指定日以後に賃貸人が修繕義務を履行しなかったことを理由に賃貸料を減額した場合、同項ただし書が適用されることになるのですか。

【答】

改正法附則第5条第4項《資産の貸付けの税率等に関する経過措置》の規定は、平成8年10月1日から指定日の前日（平成25年9月30日）までの間に締結した契約に基づき、施行日前から施行日以後引き続き行われる資産の貸付けのうち、一定の要件を満たすものに適用されますが、指定日以後に資産の貸付けに係る対価の額が変更された場合には、その対価の額を変更した後の貸付けについて、同項本文の規定を適用することができないこととされています（改正法附則5④ただし書）。

これは、資産の貸付けに係る契約においてその対価の額について変更を求めることができる旨の定めがないとしても、諸般の事情が生じたことにより、当該対価の額が変更された場合には、それにより、事実上、新たな貸付契約が締結されたと同視し得ることから、その変更後の貸付けに係る対価の額の全額について経過措置の対象としないこととするものです。

この場合の対価の額の変更には、増額することのほか減額することも含まれますが、その対価の額の変更が、例えば、賃貸人が修繕義務を履行しないことにより行われたも

のであるなど、正当な理由に基づくものである場合にまで、新たな貸付契約が締結されたと同視するのは適当ではありません。

したがって、その対価の変更が正当な理由に基づくものである場合には、その対価の変更につき改正法附則第5条第4項ただし書《対価の変更があった場合の経過措置の不適用》を適用しないものとして取り扱われます（経過措置通達19）。

なお、物価変動、租税公課等の増減を理由とする対価の額の変更は、正当な理由に基づくものには該当しません。

9　その他の経過措置

（長期割賦販売等に係る資産の譲渡等の時期の特例を受ける場合における税率等に関する経過措置の概要）

問53　長期割賦販売等に係る資産の譲渡等の時期の特例を受ける場合における税率等に関する経過措置の概要を教えてください。

【答】

事業者が、施行日前に行った消費税法第16条第1項《長期割賦販売等に係る資産の譲渡等の時期の特例》に規定する長期割賦販売等について同項の適用を受けた場合において、当該長期割賦販売等に係る賦払金の額で施行日以後にその支払期日が到来するものがあるときは、当該賦払金に係る部分の課税資産の譲渡等については、旧税率が適用されます（改正法附則6）。

（工事の請負に係る資産の譲渡等の時期の特例を受ける場合における税率等に関する経過措置の概要）

問54　工事の請負に係る資産の譲渡等の時期の特例を受ける場合における税率等に関する経過措置の概要を教えてください。

【答】

事業者が、指定日から施行日の前日（平成26年3月31日）までの間に締結した消費税法第17条第1項《工事の請負に係る資産の譲渡等の時期の特例》に規定する長期大規模工事又は同条第2項に規定する工事（以下「長期大規模工事等」といいます。）の請負に係る契約に基づき、施行日以後に当該契約に係る目的物の引渡しを行う場合において、当該長期大規模工事等に係る対価の額について施行日の属する年又は事業年度以前の年又は事業年度においてこれらの規定の適用を受けるときは、次の算式により計算した金額に係る部分の課税資産の譲渡等については、旧税率が適用されます（改正法附則7、

改正令附則9)。

$$\text{長期大規模工事等に係る対価の額} \times \frac{\text{長期大規模工事等の着手の日から施行日の前日までの間に支出した原材料費、労務費その他の経費の額の合計額}}{\text{施行日の前日の現況により見積もられる工事原価の額}}$$

　なお、事業者が、この経過措置の適用を受けた目的物の引渡しを行った場合には、その相手方に対する当該目的物の引渡しがこの経過措置の適用を受けたものであること及び適用を受けた部分に係る対価の額を書面で通知することとされています（改正法附則7④）。

(特定新聞等の税率等に関する経過措置の概要)

問55　特定新聞等の税率等に関する経過措置の概要を教えてください。

【答】

　事業者が、不特定かつ多数の者に週、月その他の一定の期間を周期として定期的に発行される新聞又は雑誌で、発行者が指定する発売日が施行日前であるもの（特定新聞等）を施行日以後に譲渡する場合、その譲渡については旧税率が適用されます（改正令附則5②）。

(有料老人ホーム（介護サービス）の税率等に関する経過措置の概要)

問56　有料老人ホーム（介護サービス）の税率等に関する経過措置の概要を教えてください。

【答】

　事業者が、平成8年10月1日から指定日の前日（平成25年9月30日）までの間に締結した老人福祉法第29条第1項に規定する有料老人ホームに係る終身入居契約（当該契約に基づき、当該契約の相手方が、当該有料老人ホームに入居する際に一時金を支払うことにより、当該有料老人ホームに終身居住する権利を取得するものをいいます。）で、入居期間中の介護料金（消費税が非課税とされるものを除きます。）を入居一時金として受け取っており、かつ、当該一時金について当該事業者が事情の変更その他の理由によりその額の変更を求めることができる旨の定めがないものに基づき、施行日前から施行日以後引き続き介護に係る役務の提供を行っている場合には、施行日以後に行われる当該入居一時金に対応する役務の提供については旧税率が適用されます（改正令附則5④）。

　ただし、指定日以後に当該一時金の額の変更が行われた場合には、当該変更後に行う

役務の提供については、この経過措置が適用されません（改正令附則5④ただし書）。

(リース延払基準の方法により経理した場合の長期割賦販売等に係る資産の譲渡等の時期の特例を受ける場合における税率等に関する経過措置の概要)

問57 リース延払基準の方法により経理した場合の長期割賦販売等に係る資産の譲渡等の時期の特例を受ける場合における税率等に関する経過措置の概要を教えてください。

【答】

　事業者が、施行日前に行ったリース譲渡（所得税法第65条第2項又は法人税法第63条第2項本文に規定するリース譲渡をいいます。）について消費税法施行令第32条の2第1項《リース延払基準の方法により経理した場合の長期割賦販売等に係る資産の譲渡等の時期の特例》の規定の適用を受けた場合において、同条第2項の規定により施行日以後に資産の譲渡等を行ったものとみなされるリース譲渡延払収益額に係る部分があるときは、当該リース譲渡延払収益額に係る部分の課税資産の譲渡等については、旧税率が適用されます（改正令附則6）。

　ところで、消費税法第16条《長期割賦販売等に係る資産の譲渡等の時期の特例》の規定の適用を受けている事業者が、適用を受けた課税期間の翌課税期間以後の課税期間において同条の規定の適用を受けないこととした場合には、リース譲渡に係る対価の額のうち当該適用を受けないこととした課税期間以後の各課税期間におけるリース譲渡延払収益額に係る部分は、適用を受けないこととした日の属する課税期間において資産の譲渡等を行ったものとみなすこととされています（消費税法施行令32③、32の2③）。

　この場合であっても、改正令附則第6条第1項に規定する「施行日以後に資産の譲渡等を行ったものとみなされるリース譲渡延払収益額に係る部分」があることには変わりありませんので、当然に同条に規定する経過措置が適用されることとなります。

　これは、消費税法施行令第32条第1項並びに第2項《延払基準の方法により経理しなかった場合等の処理》及び同令第33条《納税義務の免除を受けることとなった場合等の処理》から第35条《合併等の場合の長期割賦販売等に係る資産の譲渡等の時期の特例》までの規定の適用がある場合についても同様です（経過措置通達23）。

(リース譲渡に係る資産の譲渡等の時期の特例を受ける場合における税率等に関する経過措置の概要)

問58 リース譲渡に係る資産の譲渡等の時期の特例を受ける場合における税率等に関する経過措置の概要を教えてください。

【答】
　事業者が、施行日前に行ったリース譲渡（所得税法第65条第2項又は法人税法第63条第2項本文に規定するリース譲渡をいいます。）について消費税法施行令第36条の2第1項《リース譲渡に係る資産の譲渡等の時期の特例》の規定の適用を受けた場合において、同条第2項の規定により施行日以後に資産の譲渡等を行ったものとみなされるリース譲渡収益額に係る部分があるときは、当該リース譲渡収益額に係る部分の課税資産の譲渡等については、旧税率が適用されます（改正令附則8）。
　ところで、消費税法施行令第36条の2第2項の規定の適用を受けている事業者が、適用を受けた課税期間の翌課税期間以後の課税期間において同項の規定の適用を受けないこととした場合には、リース譲渡に係る対価の額のうち当該適用を受けないこととした課税期間以後の各課税期間におけるリース譲渡収益額に係る部分は、適用を受けないこととした日の属する課税期間において資産の譲渡等を行ったものとみなすこととされています（消費税法施行令32③、36の2④）。
　この場合であっても、改正令附則第8条第1項に規定する「施行日以後に資産の譲渡等を行ったものとみなされるリース譲渡収益額に係る部分」があることには変わりありませんので、当然に同条に規定する経過措置が適用されることとなります。
　これは、消費税法施行令第36条の2第3項の規定又は同条第4項の規定により準用される同令第33条《納税義務の免除を受けることとなった場合等の処理》から第35条《合併等の場合の長期割賦販売等に係る資産の譲渡等の時期の特例》までの規定の適用がある場合についても同様です（経過措置通達24）。

（施行日前の借入金の返済に充てる補助金の交付を受けた場合）
問59　施行日前に借入金等を財源として課税仕入れを行い、当該借入金等の返済等のための補助金等が施行日以後に交付された場合、当該補助金等が交付された課税期間における特定収入に係る仕入控除税額の調整計算はどのようになりますか。
【答】
　国、地方公共団体等に特定収入がある場合には、仕入控除税額の計算に当たって、その特定収入に係る課税仕入れ等の税額を調整することとされています。
　改正令附則第14条《国、地方公共団体等の仕入れに係る消費税額の特例に関する経過措置》では、施行日以後に受け入れる特定収入に係る仕入控除税額の調整計算については、原則として新税率を前提として調整（課税仕入れ等に係る特定収入に6.3／108を乗じて計算）し、施行日前に受け入れた特定収入及び施行日以後に受け入れる特定収入

のうち法令若しくは交付要綱等又は国、地方公共団体が合理的な方法により補助金等の使途を明らかにした文書において、同条第2項に規定する旧税率適用課税仕入れ等に係る支出等のためにのみ充てられることが明らかにされているものについては、なお従前の例（課税仕入れ等に係る特定収入に4／105を乗じて計算）によることとなる旨を規定しています。

　ところで、法令において借入金等の返済又は償還のための補助金等が交付されることとなっていない借入金等（以下「借入金等」という。）を財源として課税仕入れを行い、後日、当該借入金等の返済等のための補助金等が交付された場合で、当該補助金等の交付要綱等に当該借入金等の返済等のための補助金等である旨が記載されているときは、当該補助金等は当該課税仕入れにのみ使用される収入として使途を特定することとなります（基通16－2－2（1）（注））。

　したがって、例えば、施行日前に借入金等を財源として課税仕入れを行い、当該借入金等の返済等のための補助金等（交付要綱等で使途が特定されているものに限ります。）が施行日以後に交付された場合には、当該補助金等に係る仕入控除税額の調整計算は、従前の例（課税仕入れ等に係る特定収入に4／105を乗じて計算）によることとなります。

　なお、平成元年4月1日から平成9年3月31日までの間（消費税率3％の期間）に借入金等を財源として課税仕入れを行い、当該借入金等の返済等のための補助金等を施行日（平成26年4月1日）以後に交付を受けた場合の当該補助金等に係る仕入控除税額の調整計算についても、従前の例（課税仕入れ等に係る特定収入に4／105を乗じて計算）によることとなります。

■編著者紹介

山本　和義（税理士・CFP®）……………………監修及び第1章担当

昭和27年	大阪に生まれる
昭和50年	関西大学卒業後会計事務所勤務を経て
昭和57年	山本和義税理士事務所開業
昭和60年	㈲エフ・ピー総合研究所（旧経営クリニック）設立 代表取締役に就任
平成16年	税理士法人FP総合研究所設立 代表社員に就任
著　書	『税理士のための相続税の申告実務の進め方』（清文社） 『タイムリミットで考える相続税対策実践ハンドブック』（清文社） 『証券をめぐる税務と相続対策』（共著・清文社） 『どこをどうみる相続税調査』（共著・清文社） 『どこをどうみる消費税の税務調査』（共著・清文社） 『不動産管理会社の活用と税務』（共著・清文社） 『大切なひとの安心を支える相続手続ハンドブック』（共著・実務出版） 『遺産分割と相続発生後の対策』（共著・大蔵財務協会） 『相続税の申告実務と遺産整理業務のポイント』（監修・TKC出版）ほか
備　考	資産運用・土地の有効利用並びに相続対策、節税対策等を中心に、各種の講演会・研究会を企画運営、並びに講師として活動。また、資産税に関する研修会、個人所得・経営に関する研修会を毎月、定期的に開催しています。

■共著者紹介

【共著者略歴】
野又　崇（税理士）……………………………………第4章担当
昭和52年生まれ
　平成13年　税理士法人FP総合研究所入所
　平成17年　税理士登録
　現在　税理士法人FP総合研究所　資産税第三部門担当

田中　正洋（税理士）……………………………………第3章担当
昭和53年生まれ
　平成15年　税理士法人FP総合研究所入所
　平成17年　税理士登録
　現在　税理士法人FP総合研究所　資産税第一部門担当

上村　祐介（税理士）……………………………………第4章担当
昭和53年生まれ
　平成18年　税理士法人FP総合研究所入所
　平成19年　税理士登録
　現在　税理士法人FP総合研究所　資産税第一部門担当

木田　高志（税理士）……………………………………第3章担当
昭和51年生まれ
　平成19年　税理士法人FP総合研究所入所
　平成23年　税理士登録
　現在　税理士法人FP総合研究所　資産税第二部門担当

大久保　雅之（税理士）…………………………………第2章担当
昭和57年生まれ
　平成23年　税理士法人FP総合研究所入所
　平成23年　税理士登録
　現在　税理士法人FP総合研究所　資産税第三部門担当

消費税大増税対応／不動産取引の消費税対策

2013年7月30日　発行

編著者	山本 和義 ⓒ
共著者	野又　崇・田中　正洋・上村　祐介・木田　高志・大久保　雅之
発行者	小泉　定裕
発行所	株式会社 清文社 東京都千代田区内神田1-6-6（MIFビル） 〒101-0047　電話 03(6273)7946　FAX 03(3518)0299 大阪市北区天神橋2丁目北2-6（大和南森町ビル） 〒530-0041　電話 06(6135)4050　FAX 06(6135)4059 URL　http://www.skattsei.co.jp/

印刷：亜細亜印刷㈱

■著作権法により無断複写複製は禁止されています。落丁本・乱丁本はお取り替えします。
■本書の内容に関するお問い合わせは編集部までFAX（06-6135-4056）でお願いします。
＊本書の追録情報等は、当社ホームページ（http://www.skattsei.co.jp）をご覧ください。

ISBN978-4-433-51753-3

そこが危ない！
消費増税をめぐる
契約実務Q&A

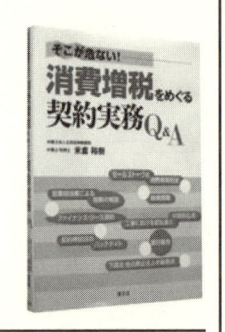

弁護士法人北浜法律事務所 弁護士・税理士　米倉裕樹　著

消費増税に際して直面しうる、契約実務上の思わぬ落とし穴やトラブルを避けるために、実務家が知っておきたい留意事項や対応策を、具体的なQ&Aを交えて詳解。
■A5判304頁／定価 2,520円（税込）

平成25年版
消費税課否判定
ハンドブック

松山秀樹　編

消費税の課否判定がわかるように損益計算書、貸借対照表の勘定科目ごとに各取引の判定事例を示し、その課否判定の結果をわかりやすく「○×式」で解説。また、参考資料として消費税の非課税取引の詳細を掲載。
■B5判216頁／定価 1,680円（税込）

平成25年版
消費税実務問答集

松山秀樹　編

消費税の概要から、申告・納付・経理処理まで、消費税の解釈や取扱いについての実務知識を、問答形式で体系的に整理。解説では、できる限りその根拠法令を明示するとともに、税務専門家はもちろん一般の方々にも理解できるように、簡潔かつ平易な表現で必要に応じて計算例等を取り入れ工夫編集。
■A5判648頁／定価 2,940円（税込）

平成25年版
消費税の取扱いと
申告の手引

秀島友和　編　★Web版サービス付き

消費税の取扱いについて、最新の税制改正及び法令等を中心に関係通達の改正事項なども網羅し、体系的に整理編集。設例による各種申告書・届出書の作成要領と記載例を収録した実務手引書。重要な計算規定については「計算式」を掲げるとともに複雑なものについては計算例を掲載。
■B5判720頁／定価 3,570円（税込）